Joindre les deux bouts

Les revenus et les dépenses des travailleuses new-yorkaises

Sue Ainslie Clark et Edith Wyatt

Writat

Cette édition parue en 2023

ISBN : 9789359256030

Publié par
Writat
email : info@writat.com

Contenu

PRÉFACE

Ce livre est composé des dossiers économiques de femmes autonomes vivant loin de chez elles à New York. Leurs chroniques ont été remises à la Ligue nationale des consommateurs simplement comme témoignage de la vérité ; et c'est simplement pour témoigner de la vérité que ces récits sont reproduits ici.

L'enquête de la Ligue a été initiée parce que, il y a trois ans, lors de l'étude sur l'établissement d'un salaire minimum, on n'avait obtenu que très peu d'informations sur la relation entre le revenu et les dépenses des travailleuses autonomes. L'enquête a été menée pendant un an et demi par Mme Sue Ainslie Clark, qui a obtenu les budgets des travailleurs tels qu'ils étaient disponibles auprès de jeunes femmes interrogées dans leurs chambres, pensions et hôtels, ainsi que dans les écoles et clubs du soir. Après que Mme Clark ait rassemblé et rédigé ces récits, je les ai complétés de la même manière ; et les a réorganisés dans une série d'articles pour MSS McClure. Les budgets tombaient naturellement dans certaines divisions industrielles ; mais, comme le montre la nature de l'enquête, les dossiers ne constituaient pas des études exhaustives des différents métiers dans lesquels les travailleurs étaient engagés. Ils constituaient plutôt une vision kinétoscope précise de la vie annuelle des travailleurs occasionnels de ces métiers. Cependant, partout où les faits établis semblaient le justifier, ils étaient suffisamment précis pour exprimer de manière définitive et claire la sagesse d'un certain changement industriel.

Dans deux cas, au cours de la publication en série des budgets, de tels changements industriels ont été entrepris et sont actuellement en cours. La société Macy & Co. de New York a inauguré un jour de repos mensuel, rémunéré, pour toutes les employées permanentes qui souhaitent ce privilège. Le changement a été réalisé d'abord dans un département, puis étendu à travers un plan fourni par la Fédération Civique Nationale à tous les départements du magasin.

La Manhattan Laundrymen's Association, la Brooklyn Laundrymen's Association et la Laundrymen's Association de l'État de New York ont tenu une conférence avec la Ligue des Consommateurs après la publication du rapport sur la blanchisserie et ont demandé à coopérer avec la Ligue pour obtenir l'établissement d'un service de dix heures. journée dans le commerce, une inspection supplémentaire des usines et le placement des hôtels et des blanchisseries hospitalières sous la juridiction du ministère du Travail. En grande partie grâce aux efforts de la Laundrymen's Association of New York State, un projet de loi définissant comme usine tout endroit où le travail de blanchisserie est effectué mécaniquement a été adopté par les deux chambres de la dernière législature d'Albany. Une norme pour une maison équitable a été discutée et convenue lors de la conférence. La Ligue a l'intention de publier dans l'année une liste blanche des blanchisseries à vapeur de New York se conformant à cette norme en matière de salaires, d'horaires et d'hygiène.

Le New York des travailleurs n'est pas le New York le plus connu du pays dans son ensemble. Le New York de Broadway, le New York de la Cinquième Avenue, de Central Park, de Wall Street, de Tammany Hall, voilà des mots de référence commune ; et lorsqu'il y a deux ans la presse quotidienne publiait la nouvelle de la grève de trente mille tailleurs de chemises dans la métropole, beaucoup de personnes se rendirent compte, peut-être pour la première fois, de l'existence d'un New York nouveau et différent – le New York du l'importante population active de la ville. Le théâtre de ces budgets est un coin de ce New York.

Les auteurs du livre sont bien plus nombreux que les auteurs dont les noms apparaissent sur la page de titre. Le deuxième chapitre est principalement le récit de bouche à oreille de Natalya Perovskaya , l'une des ouvrières de la taille des chemises, un récit d'aventure domestique répété tel qu'il a été raconté à l'auteur du présent auteur, à la famille de son hôtesse et à d'autres visiteurs lors d'une faites escale dans l'East Side par une chaude soirée d'été. Le sixième chapitre est presque entièrement la contribution de Miss Carola Woerishofer , Miss Elizabeth Howard Westwood et Miss Mary Alden Hopkins, trois jeunes femmes formées à l'université de Bryn Mawr , Smith et Wellesley, respectivement, qui ont mené une enquête pour le compte du National Consumers'. Ligue dans les blanchisseries à vapeur des hôpitaux, des hôtels et des commerces de New York. Le cinquième chapitre est composé en grande partie d'une chronique de la grève des fabricants de manteaux à New York écrite par le Dr Henry Moskowitz, l'un des dirigeants les plus efficaces pour parvenir à un règlement final l'automne dernier entre les employeurs et les soixante-dix mille membres du syndicat des fabricants de manteaux. Syndicat. M. Frederick Winston Taylor a donné la définition de la « gestion scientifique » qui préface le dernier chapitre. C'est un plaisir de reconnaître l'aide de plusieurs sortes reçue de Mme Florence Kelley, Miss Perkins et Miss Johnson de la Ligue des Consommateurs ; de Mlle Neumann, de la Ligue des syndicats féminins ; de Miss Pauline et Joséphine Goldmark, et M. Louis p. Brandeis ; de Mlle Willa Siebert Cather de *McClure's Magazine* ; et de MSS McClure.

Recenser correctement n'importe quel petit coin de l'histoire contemporaine est un travail collectif plutôt qu'individuel. Bien qu'aucun titre aussi pompeux que celui de cathédrale ne puisse être appliqué, sauf avec une grande absurdité, à un article de magazine, et encore moins à ces documents journalistiques discrets, la rédaction d'un article journalistique sincère est peut-être plus comparable au travail d'une cathédrale . qu'à toute sorte de métier d'expression. Si le récit doit avoir une véritable valeur sociale en tant que récit de la vérité contemporaine, il évoluera en tant que produit de nombreuses intelligences et responsabilités humaines. Cela est particulièrement vrai de toute synthèse de faits qui doivent être tirés, pour ainsi dire, de nombreux auteurs, de nombreuses sources authentiques.

Les conditions non standardisées du travail des femmes sont si fréquemment mentionnées dans les six premiers chapitres que leur lien avec le dernier chapitre sera suffisamment clair. Comment sortir des conditions non standardisées et insatisfaisantes qui existent pour une multitude de travailleuses ? La législation est sans aucun doute une issue. L'organisation du commerce est sans aucun doute une issue. Mais la législation est inefficace si elle n'est pas fortement soutenue par des inspections consciencieuses et une application rigoureuse. Lors des grandes grèves des fabricants de vêtements à New York, malgré leurs victoires, les commandes commerciales sont allées en si grand nombre vers d'autres villes que ni l'esprit de la grève des tailleurs de chemises ni la sagesse de l'Union préférentielle des fabricants de manteaux Les accords ont depuis permis de fournir suffisamment d'emplois aux travailleurs. En outre, ni la législation ni l'organisation commerciale n'ont de valeur permanente à moins qu'elles ne soient éclairées par la justice et la compréhension. De la même manière, à moins de s'inspirer de ces qualités, le nouveau plan de gestion esquissé dans le dernier chapitre est incapable d'une délivrance industrielle durable et de grande envergure. Mais cela offre une issue jusqu'ici inédite. C'est sur ce récit tel qu'il apparaît aujourd'hui que se termine notre livre, car un témoignage de faits vivants ne peut se terminer que par le mur dur et fixe du dogme, mais par une porte ouverte.

ÉDITH WYATT.

CHICAGO , 19 mars 1911.

CHAPITRE I

LES REVENUS ET LES DÉPENSES DE CERTAINES VENDEURS DE NEW YORK

je

L'un des traits les plus significatifs de l'histoire commune de cette génération est le fait que près de six millions de femmes occupent désormais un emploi rémunéré dans ce pays. Depuis des temps immémoriaux, les femmes ont en effet travaillé, de sorte que ce n'est pas tout à fait comme si tout un sexe, vivant jusqu'alors à l'aise au foyer, avait été soudainement jeté dans une activité inhabituelle, comme semblent le croire de nombreux citant le recensement. Car le travail domestique auquel les femmes se sont toujours livrées peut être aussi pénible et prolongé que le travail commercial. Mais ce n'est que récemment que les femmes ont été employées en masse contre un salaire, dans des conditions à peu près identiques à celles des hommes, indépendamment du fait que leurs pouvoirs sont différents par nature de ceux des hommes et devraient, en raison, pour eux-mêmes, pour leurs enfants. , et pour chacun , en effet, être conservé par des réglementations industrielles différentes.

Quelle est alors la fortune de certaines de ces multitudes de femmes ayant un emploi rémunéré ? Que donnent-ils dans leur travail ? Qu'en retirent-ils ? Les informations clairement établies sur ces points sont rares.

Il y a environ deux ans, la Ligue nationale des consommateurs, à l'initiative de sa secrétaire, Mme Florence Kelley, a lancé une enquête sur le niveau de vie des travailleuses autonomes dans de nombreux domaines, loin de chez elles à New York. Parmi ces travailleurs se trouvaient des vendeuses, des tailleurs, des chapeliers, des finisseurs de manteaux, des ouvriers du textile en soie, bonneterie et tapis, des ouvriers du tabac, des préposés aux machines, des emballeurs de bonbons, de médicaments, de biscuits et d'olives, des blanchisseurs, des brodeurs à la main, des modistes. , et les couturières.

La Ligue des Consommateurs avait imprimé à cet effet une série de questions divisées en deux parties. La première partie couvrait le caractère du travail de chaque fille : la nature de son métier, son salaire, ses horaires, les heures supplémentaires, la rémunération des heures supplémentaires, les amendes et l'oisiveté. La deuxième partie des questions portait sur les dépenses de la travailleuse : ses dépenses pour le logement, la nourriture, l'habillement, le repos et les loisirs, ainsi que ses efforts pour conserver sa force et son énergie. De cette manière, l'enquête de la Société sur les revenus et les dépenses était organisée de manière à déterminer non seulement les gains et les dépenses en argent de l'ouvrier, mais, autant que possible, ses gains et ses dépenses en santé et en vitalité. L'enquête a été menée pendant un an et demi par Mme Sue Ainslie Clark. [1]

Le compte rendu des revenus et des dépenses des femmes autonomes vivant loin de chez elles à New York peut être divisé, à des fins de documentation, en chroniques de vendeuses, de confectionneuses de chemises, de travailleuses dont l'industrie implique des tensions, telles que les opératrices de machines, et les travailleuses dont l'industrie implique une dépense considérable de force musculaire, comme les blanchisseuses.

Parmi ceux-ci, le récit de la fortune commerciale de certaines vendeuses new-yorkaises occupe la première place. L'enquête de Mme Clark concernant les revenus et les dépenses des vendeuses a été complétée par des parties des dossiers d'une autre enquêteuse de la Ligue, Mlle Marjorie Johnson, qui travaillait dans l'un des grands magasins pendant la ruée de Noël de 1909-1910.

D'autres rapports informels rédigés par les vendeuses au début de l'été 1910 prouvèrent que les revenus et les dépenses des ouvrières des magasins étaient restés pratiquement inchangés depuis l'hiver du rapport de Mme Clark.

De sorte qu'il semblerait que les budgets, les dossiers de l'enquêteur et les déclarations faites par les jeunes femmes interrogées en juin dernier puissent être raisonnablement considérés comme la photographie composite la plus véridique que l'on puisse obtenir de la fortune commerciale de l'armée des filles des grands magasins de New York. aujourd'hui. [2]

Les limites d'une telle enquête sont claires. Les milliers de femmes employées dans les grands magasins new-yorkais sont de toutes sortes. Du point de vue de la description de la personnalité et du caractère, on pourrait tout aussi bien mener une enquête auprès des épouses, dans le but de déterminer les épouses typiques. Les conditions de commerce et de vie décrites avec précision dans les registres industriels obtenus présentent cependant sans aucun doute certains traits communs.

Parmi la cinquantaine d'histoires de vendeuses recueillies au hasard dans des magasins de divers grades, celles qui suivent, avec les mentions les modifiant, semblent exprimer le plus clairement et le plus justement, dans l'ordre suivi, ces traits communs : bas salaires, emploi précaire, dépenses lourdes exigées. dans la lessive et l'habillement, semi-dépendance , promotion inégale, manque de formation, absence de plaisir normal, longues heures debout et excès de travail saisonnier.

L'une des premières vendeuses à raconter à la Ligue son expérience professionnelle fut Lucy Cleaver, une jeune Américaine de vingt-cinq ans, entrée dans un grand magasin de New York à vingt ans, avec un salaire de 4,50 dollars par semaine. .

II

Au cours de ses cinq années d'emploi, son salaire a augmenté d'un dollar. Elle restait debout neuf heures par jour. Si, dans les moments ennuyeux du commerce, lorsqu'aucun client n'était à proximité, elle utilisait les sièges légalement prévus pour les employés, un ambulant lui ordonnait aussitôt de faire quelque chose qui l'obligeait à rester debout.

Durant la semaine précédant Noël, elle travaillait debout quatorze heures par jour, de huit heures à midi quinze, de une à six heures de l'après-midi et de six heures et demie du soir jusqu'à onze heures et demie du soir. Le fait de rester debout pendant ces longues périodes devient si douloureux pour les pieds que certaines filles renoncent à manger à midi pour s'accorder le soulagement temporaire d'un bain de pieds. Pour ces heures supplémentaires, le magasin lui a donné 20 $, qui lui ont été présentés non pas comme paiement, mais comme cadeau de Noël.

La direction a également accordé une semaine de vacances payées en été et a offert un cadeau de 10 $.

Après cinq ans à ce poste , elle a eu un désaccord avec le marcheur et a été renvoyée sans préavis.

Elle a ensuite passé plus d'un mois à chercher vainement un emploi et a finalement obtenu un poste de stock girl dans un magasin de costumes de la Sixième Avenue à 4 dollars par semaine, une somme inférieure au salaire pour lequel elle avait commencé à travailler cinq ans auparavant. En quelques semaines, la morosité du métier avait provoqué son licenciement. Elle était de nouveau confrontée au chômage pour une durée indéterminée.

Son revenu pour l'année était de 281 $. Elle vivait dans une grande et agréable maison pour filles, où elle ne payait que 2,50 dollars par semaine pour la pension et une chambre partagée avec sa sœur. Sans la philanthropie du foyer, elle n'aurait pas pu joindre les deux bouts. Elle se trouvait à quinze minutes à pied du magasin, et en faisant cette promenade deux fois par jour, elle économisait le prix du trajet en voiture et celui du déjeuner. Elle faisait sa lessive elle-même et, comme elle ne pouvait plus consacrer d'énergie à la couture, elle achetait des vêtements confectionnés à bas prix. Cela lui coûtait beaucoup. Les tailles bon marché s'usent très rapidement. Dans l'année, elle en avait acheté 24 à 98 cents pièce. Voici son compte, tel qu'elle l'avait conservé et rappelé pendant un an : un manteau, 10 $; 4 chapeaux, 17 $; 2 paires de chaussures, 5 $; 24 tailles à 98 cents, 23,52 $; 2 jupes, 4,98 $; sous-vêtements, 2 \$; pension, 130 \$; médecin, 2 \$; total, 194,50 \$. Cela laisse un solde de 86,50 \$. Cet argent avait payé le nécessaire non détaillé : bas, gros sous-vêtements d'hiver, jupons, frais de voiture, frais de vacances, tous les petits cadeaux qu'elle avait faits et toutes les récréations.

Elle n'appartenait à aucune société de secours et elle n'avait pu économiser d'aucune manière, même avec l'aide du foyer. Voilà pour ses revenus et dépenses financiers.

Après avoir consacré pratiquement tout son temps et ses efforts à son travail, elle n'a pas reçu de retour suffisant pour conserver sa santé dans le futur, ni même pour la soutenir dans le présent sans l'aide de la philanthropie. Elle était malade, anémique , nerveuse et de santé brisée.

Avant d'ajouter le prochain budget, il faudrait peut-être souligner deux points de la dépense de Lucy Cleaver, dans l'intérêt du bon sens. La première est la remarquable folie d'acheter 24 tailles à 98 cents pièce. Dans une estimation du coût des vêtements, faite par l'un des clubs de filles actives de St. George's l'année dernière, [3] les filles ont convenu que le confort et une apparence présentable pouvaient être maintenus, en ce qui concerne les dépenses pour la taille, avec 8,50 \$ par an. Ce montant permettait d'acheter cinq tailles de chemise à 1,20 \$ pièce et une taille nette à 2,50 \$.

Pour atténuer le faible jugement de Lucy Cleaver en tant qu'acheteuse de taille, et l'excès absurde du pauvre enfant, il faut cependant dire que l'habitude d'acheter de nombreux articles de mauvaise qualité, au lieu de moins d'articles de meilleure qualité, est souvent un problème. , non par choix, mais par nécessité. L'achat au corps à corps à bas prix, qui s'avère paradoxalement si coûteux en fin de compte, est sans doute souvent dû au simple fait que l'acheteur n'a plus, au moment de l'achat, plus d'argent à offrir. Quelle que soit votre sagesse, vous ne pouvez pas acheter une taille pour 1,20 \$ si vous ne possédez actuellement que 98 cents. Les filles de St. George's faisaient leurs comptes sur la base d'un revenu de 8 \$ par semaine. Lucy Cleaver n'a jamais eu un revenu supérieur à 5,50 \$ par semaine, et parfois moins. Le fait qu'elle ait dépensé près de trois fois plus qu'eux pour ce seul poste de dépense, et pourtant qu'elle n'ait jamais pu avoir « un tour de taille net à 2,50 dollars » pour les occasions festives, mérite d'être souligné.

L'autre point qu'il faut souligner est le fait qu'elle faisait sa propre lessive. L'affirmation la plus précise serait qu'elle faisait sa propre lessive, y compris les processus non seulement de nettoyage des vêtements, mais aussi de les faire bouillir, les amidonner, les bleuir et les repasser. Ceci, après une journée passée à occuper un autre emploi, constitue une tension vitale plus grave qu'on ne peut peut-être l'imaginer facilement. Les vendeuses et les vendeuses n'ont pas les poignets puissants et la taille musclée des blanchisseuses habituées et, dans la plupart des cas, ne sont pas mieux équipées pour effectuer le travail de blanchisserie que ne le seraient les blanchisseuses pour vendre et facturer des stocks. Mais la coutume exige exactement la même fraîcheur dans la taille de la chemise, les cravates et les cols d'une vendeuse que dans ceux des femmes aux revenus les plus élevés. Le montant que les filles du St. George's Working Club estimaient absolument nécessaire de dépenser chaque année pour laver les vêtements était presque la moitié du montant dépensé pour le logement et près des deux tiers du montant initialement dépensé pour les vêtements.

Là où ces dépenses importantes de lessive ne peuvent pas être couvertes financièrement par les vendeuses, elles doivent l'être par la seule force personnelle. Une jeune fille d'un grand magasin, qui avait besoin d'être particulièrement soignée parce que son poste était dans le rayon des chemises, nous a raconté que parfois, après une journée passée debout dans le magasin, elle travaillait à la maison sur des baignoires et des planches à repasser jusqu'à minuit. .

Il convient de noter, comme l'une des causes des nombreux déplacements impuissants des jeunes vendeuses, que, vivant, comme la plupart d'entre elles, dans une semi-dépendance , soit de parents, soit de foyers de charité, il leur est presque impossible d'apprendre une quelconque économie domestique. , ou la valeur de l'argent à des fins de subsistance. Il semble significatif que la dépensière la plus pratique rencontrée parmi les vendeuses était une veuve, Mme Green, dont les récits seront donnés ci-dessous, qui fut pendant des années la gérante de son propre ménage et de ses ressources, et qui ne fut salariée que assez tard. dans la vie.

Cette impuissance d'une jeune fille semi-dépendante et sans éducation peut être encore illustrée par la chronique d'Alice Anderson, une jeune fille de dix-sept ans, qui travaillait dans les grands magasins depuis trois ans et demi.

Elle a d'abord été employée comme chèqueuse dans un magasin de la Quatorzième Rue, au salaire de 2,62 $ et demi par semaine ; c'est-à-dire qu'elle recevait 5,25 $ deux fois par mois. Sa journée de travail durait neuf heures et demie pendant la majeure partie de l'année. Mais durant les deux semaines précédant Noël, cette durée a été portée de douze à treize heures et demie, sans aucun paiement supplémentaire sous aucune forme. Elle a été promue au poste de vendeuse, mais son salaire est resté à 2,62 $ et demi par semaine. Elle vivait avec sa grand-mère de quatre-vingts ans, travaillant occasionnellement comme couturière, et Alice lui donna tous ses gains pendant trois ans.

Il fut alors jugé préférable qu'elle aille vivre chez une tante, à qui elle versait la pension nominale de 1,15 $ par semaine. Comme sa maison était à West Hoboken, elle passait chaque jour deux heures et demie à voyager en voiture et en ferry. Pendant les semaines d'heures supplémentaires, Alice ne pouvait rentrer chez elle que vers onze heures et demie environ ; et elle serait obligée de se lever pendant qu'il faisait encore nuit, à six heures, après cinq heures et demie de sommeil, pour être ponctuellement à son comptoir à huit heures. En marchant du magasin au ferry, elle économisait 30 cents par semaine. Pourtant, les tarifs lui coûtent 1,26 $ par semaine. Ce billet de voiture de 1,26 $ par semaine (ce qui n'était toujours pas suffisant pour lui permettre de parcourir toute la distance entre chez sa tante et le magasin) et les 1,15 $ par semaine pour la pension (qui ne payaient toujours pas vraiment la tante pour la nourriture et le logement de sa nièce) consommaient toute sa vie. gains sauf 20 cents par semaine.

Alice avait hâte de devenir plus véritablement indépendante. Elle quitta l'établissement de son premier emploi et entra dans un autre magasin de la Quatorzième Rue, comme caissière, à 4 dollars par semaine. Les heures d'ouverture du deuxième magasin étaient très longues, de huit heures à midi et de une heure moins le quart à six heures et quart de l'après-midi, tous les jours sauf le samedi, où l'heure de fermeture était neuf heures et demie.

Après avoir gagné 4 $ par semaine au lieu de 2,62 $ et demi, Alice a abandonné son voyage quotidien à West Hoboken et est venue vivre à New York.

Ici, elle payait 6 cents par nuit dans un dortoir d'un foyer pour filles soutenu par une association caritative. Elle n'a pas pris de petit-déjeuner. Son déjeuner consistait en café et petits pains pour 10 cents. Son dîner du soir consistait en une répétition de café et de petits pains pour 10 cents. Comme elle n'avait pas d'endroit pratique pour faire sa lessive elle-même, elle payait 21 cents par semaine pour le faire. Ses dépenses hebdomadaires régulières étaient les suivantes : logement, 42 cents ; pension, 1,40 $; lavage, 21 cents; vêtements et toutes autres dépenses, 1,97 $; total, 4 $.

Bien sûr, vivre de cette manière était bien au-dessus de ses forces. Elle était pâle, malade, et sa santé présente et future était gravement affectée. Son expérience illustre les faibles perspectives de promotion dans certains grands magasins.

III

Il est significatif sur ce point de comparer les annales de cette jeune fille en pleine croissance avec celles d'une vendeuse de trente-cinq ans, Grace Carr , qui travaillait depuis douze ans. Lors de son premier emploi dans une usine de tricot , elle y était restée cinq ans et avait été rapidement promue à un salaire hebdomadaire de 12 dollars. Les horaires étaient cependant très longs, de dix à treize heures par jour. Les peluches présentes dans l'air qu'elle respirait remplissaient tellement ses poumons qu'elle était incapable, pendant ses courts loisirs quotidiens, de contrecarrer ses effets. Au bout de cinq ans, comme elle toussait et soulevait des particules de charpie, elle fut obligée de se reposer pendant un an.

Pas assez forte pour entreprendre à nouveau du travail en usine, elle obtint un poste au rayon chaussures d'un des grands magasins, où elle n'était pas « accélérée », et sa durée de travail quotidienne de neuf heures était moins pénible que celle de l'usine de tricot. . En été, elle avait un samedi demi-congé. Il existait un système d'amendes en cas de retard ; mais dans les rares occasions où elle était en retard, cette mesure n'avait pas été appliquée. L'entreprise s'est également montrée généreuse en greffant des laissez-passer à cinq heures, qui permettaient à une jeune fille de partir à cinq heures de l'après-midi, sans déduction de son salaire pour l'heure gratuite. Elle travaillait dans cet établissement depuis six ans et gagnait 6 dollars par semaine ; et elle avait abandonné l'espoir d'avancer.

Mlle Carr a déclaré que son travail dans le rayon des chaussures était épuisant, à cause du fait de se baisser, de s'asseoir et de se lever fréquemment et de l'effort nécessaire pour enfiler et retirer ses chaussures. Au cours de l'été précédant l'automne, lorsqu'elle raconta son expérience au magasin, en cherchant une boîte de chaussures, elle s'était tendu le cœur d'une manière ou d'une autre, de sorte qu'elle perdit immédiatement connaissance et resta malade pendant sept semaines . Elle n'a pas réussi à récupérer aussi rapidement qu'elle aurait dû le faire, car elle était complètement dévitalisée par le surmenage.

L'entreprise était très bonne pour elle à cette époque, envoyant un médecin quotidiennement jusqu'à ce qu'elle soit en état de partir à la campagne. Elle a ensuite payé ses dépenses pendant deux semaines dans une maison de campagne de l'Association chrétienne des jeunes femmes et pendant les trois semaines restantes de son séjour, elle a payé l'intégralité de son salaire. Miss Carr a loué le soin général apporté par cette entreprise aux employés. Un médecin et une infirmière étaient disponibles gratuitement si une fille tombait malade dans le magasin. Une secrétaire sociale était employée.

Miss Carr vivait dans une chambre meublée avec deux autres femmes, chacune payant un loyer d'un dollar par semaine. Elle ne se souciait pas de ses camarades ; la seule raison pour laquelle elle passait du temps avec eux dans un espace aussi rapproché était son besoin de vivre à moindre coût. Elle préparait son petit-déjeuner et son dîner dans la salle bondée, au prix de 1,95 $ par semaine. Elle a déclaré que son repas « copieux » était un dîner de midi, pour lequel elle payait au restaurant 15 cents par jour.

Après son expérience estivale, elle s'est rendu compte qu'elle devait s'assurer d'un revenu en cas de maladie. Elle a adhéré à une société de bienfaisance à laquelle elle versait 50 cents par mois. Celui-ci promettait une prestation hebdomadaire de 4 $ par semaine pendant treize semaines et de 200 $ au décès. Elle payait également 10 centimes par semaine pour une assurance auprès d'une autre entreprise.

La chambre était à distance de marche du magasin, de sorte qu'elle ne dépensait rien pour le transport en voiture. Les services et la vie sociale d'une église étaient son principal bonheur. Outre ses contributions à son soutien, elle ne dépensait que 1 dollar par an pour les « bons moments ». Elle faisait sa propre lessive.

Ses dépenses de santé au cours de ces années avaient été extrêmes. Elle était très usée, maigre et ridée par le travail acharné, les économies sévères et l'anxiété, même si elle était encore dans ce qui aurait dû être la fleur de l'âge.

Son budget hebdomadaire était le suivant : logement, 1 $; pension, 1,95 $; déjeuners, 1,05 $; assurance, 21 cents; vêtements, contributions à l'église, frais de voiture occasionnels et autres dépenses, 1,79 $; total, 6 $.

Mlle Carr a déclaré que son entreprise était généreuse dans bon nombre de ses politiques, mais qu'elle trouvait profondément décourageant de ne pas avancer vers un salaire qui lui permettrait de vivre décemment.

A propos du budget de Miss Carr , il convient de mentionner le système de prestations des magasins de New York. Dans beaucoup de grands magasins, des cotisations mensuelles, variant selon le salaire de l'employé, sont déduites du salaire de chacun, bien que dans de nombreux cas, celle-ci ne sache pas quel sera le montant de cette cotisation. Ces cotisations lui assurent, tant qu'elle demeure à l'emploi du magasin, une prestation hebdomadaire en cas de maladie et une prestation de décès. Mais si elle quitte le magasin ou est renvoyée, la direction conserve le montant qu'elle a été obligée de payer et ne lui donne aucune compensation en cas de maladie ou de décès ultérieur. Pendant qu'elle est employée au magasin, l'indemnité de maladie varie de la moitié du salaire de la jeune fille à un paiement régulier de 5 dollars par semaine pendant cinq à treize semaines, selon les règles particulières à chaque magasin. Le salarié doit être malade cinq jours ou une semaine pour pouvoir en bénéficier. Dans le cas contraire, elle est mise à pied pour absence.

Le Fonds mutuel de l'Association new-yorkaise des Working Girls' Societies a à cet égard une meilleure politique que les magasins. Les membres des clubs paient 55 cents par mois pour une prestation de 5 $ pendant six semaines au cours d'une année, et 20 cents par mois pour une prestation de 3 $. La cessation de l'adhésion à un club ne met pas fin au lien avec la caisse de prévoyance, à moins que le motif du départ ne soit pas satisfaisant pour le conseil d'administration. Les femmes non membres d'un club peuvent, sous certaines conditions, adhérer au fonds de prévoyance en tant que membres associés et payer 50 cents par mois pour une prestation de 5 dollars par semaine, 30 cents pour une prestation de 3 dollars par semaine ou 80 cents pour une prestation de 3 dollars par semaine. 8 $ par semaine. Ces montants sont payables individuellement pendant six semaines au cours d'une année.

Un certain nombre de magasins emploient des infirmières et des médecins formés, auxquels les filles peuvent s'adresser si elles sont malades. Plusieurs magasins disposent de salles de loisirs ; plusieurs ont des résidences d'été ; plusieurs ont des restaurants d'employés, où l'on peut se procurer un repas vraiment nourrissant pour 15 centimes.

Miss Carr , luttant contre toute attente, vivait avec moins de 6 $ sans aide caritative. Son expérience peut être comparée à celle de deux autres vendeuses plus âgées, qui subvenaient entièrement à leurs propres besoins.

Mme Green, une femme de trente-cinq ans à l'apparence astucieuse, n'était salariée que depuis deux ans. Elle a commencé à travailler à Philadelphie dans une maison de commission en tant que vendeuse et ajusteuse de corsets. Ici, elle a pu économiser sur son salaire. Elle a également conservé très soigneusement la garde-robe qu'elle possédait avant de se lancer en affaires. Forte de ces réserves, elle vient à New York travailler dans des grands magasins dans le but d'acquérir de l'expérience en vente et une connaissance plus approfondie des corsets. Elle espérait pouvoir toucher un salaire élevé dès qu'elle aurait ainsi accru ses compétences. Elle s'est d'abord rendue dans un nouveau et attrayant magasin de la Sixième Avenue, où, travaillant huit heures et quart par jour, elle gagnait 10 dollars par semaine. Licenciée au bout de cinq mois, elle est restée inactive un mois avant de trouver un emploi dans un autre magasin de la Sixième Avenue.

En postulant ici, elle a dit à l'employeur qu'elle ne travaillerait pas pour moins de 12 $ par semaine. Il lui a proposé 9 $ et une commission sur toutes les ventes supérieures à 400 $ par semaine. Elle a refusé et l'entreprise lui a finalement donné ce qu'elle demandait.

Cela prouvait que son choix était judicieux, car elle a constaté que lors de sa semaine la plus chargée, lorsqu'elle était épuisée par l'agitation de la journée, ses ventes n'atteignaient jamais 400 $ par semaine, de sorte qu'elle n'aurait reçu aucun revenu de la commission offerte.

Elle avait une petite chambre seule dans un hôtel attrayant pour filles qui travaillaient. Pour cela ainsi que pour les petits déjeuners et les dîners, elle payait 5,10 $ par semaine. Les déjeuners coûtent en outre environ 1,50 $ par semaine. Elle payait 50 cents par semaine pour faire sa lessive, en plus de le faire elle-même. Se rendre au travail et en revenir presque tous les jours augmentait ses dépenses hebdomadaires de 50 cents. Cela lui laissait 4,40 $ par semaine pour les vêtements et les articles divers.

Mme Green semblait habillée de façon extravagante ; elle dit cependant qu'elle parvenait à avoir des tailles et des chapeaux efficaces en les fabriquant et en les taillant elle-même, et en achetant soigneusement les tissus dans les soldes. Pour s'habiller avec économie sans sacrifier l'effet, elle était visiblement aidée par l'habileté et l'adresse.

Elle était en bonne santé ; et, même si elle n'avait pas épargné, elle n'avait dépensé, même pendant son mois d'inactivité, aucune partie du fonds de réserve qu'elle avait accumulé avant de commencer à travailler.

Une autre vendeuse autonome, aidée par son expérience de l'économie domestique, était Zetta Weyman , une jeune femme de vingt-huit ans, qui avait commencé à travailler pour un salaire à l'âge de onze ans ; à cette époque , elle fréquentait toujours l'école, mais effectuait des tâches ménagères en dehors des heures de classe. Lorsqu'elle fut plus âgée, elle fut employée comme femme de ménage dans la maison d'un couple très gentil et attentif, qui lui donna libre accès à leur intéressante bibliothèque, où elle lisait avec avidité. Un voyage en Europe avait été particulièrement stimulant. Son employeur s'est montré prévenant et a essayé de lui faire profiter de cette expérience.

Tout au long de cette période , elle avait observé l'habillement et les manières des personnes cultivées qu'elle côtoyait et avait appliqué ce qu'elle avait appris à sa propre tenue vestimentaire et à sa propre conduite. À vingt-six ans, souhaitant avoir de plus grandes opportunités que celles qu'elle pourrait avoir dans le service personnel, elle obtint du travail dans un grand magasin à 7 dollars par semaine. Ici, elle a rapidement progressé jusqu'à 10 $ dans un département exigeant une intelligence supérieure à la moyenne. Au bout de deux ans , elle était très intéressée par son travail. Cela mettait à rude épreuve son jugement et lui offrait l'opportunité d'accroître ses connaissances et d'accroître sa valeur pour l'entreprise. Elle espérait bientôt recevoir un salaire plus élevé, estimant que son travail valait au moins 15 dollars par semaine. Mis à part le sous-payement, elle pensait avoir été traitée équitablement. Elle a beaucoup apprécié deux semaines de vacances avec plein salaire.

Zetta donnait 2,50 dollars par semaine pour une chambre meublée et l'utilisation d'une salle de bains. La chaleur de l'unique jet de gaz était la seule chaleur. Elle préparait du café dans sa chambre pour le petit-déjeuner ; un déjeuner léger suffisait ; et un dîner au restaurant coûte entre 25 et 35 centimes par jour. Elle était souvent reçue au dîner par des amis.

Elle se rendait habituellement au travail à cheval et rentrait chez elle à pied, huit pâtés de maisons, dépensant ainsi 30 cents par semaine pour le trajet en voiture. Tous les frais de subsistance pour la semaine s'élevaient à environ 6 $. Elle a payé pendant six ans 24 $ par année sur une police d'assurance qui lui promettait 15 $ par semaine en cas de maladie et qui était cumulative et rapportait pendant la vie du titulaire; 290 $ seraient dus dans environ un an.

Zetta a déclaré qu'elle était extravagante dans ses dépenses vestimentaires, mais elle considérait que sa position sociale dépendait de son apparence. Elle était très attirante. Ses manières étaient calmes et gracieuses, et il y avait quelque chose de touchant, voire d'émouvant, dans la dignité de son anglais pur et clair, acquis grâce à une fortune qui l'obligeait à être petite marmiton et cuisinière à l'âge de onze ans. Elle était habillée avec goût et soin au moment de l'entretien. En surveillant les ventes et grâce aux informations obtenues auprès des chefs de département, elle parvint à acheter des vêtements d'excellente qualité, des bas de soie et des costumes bien coupés à un prix relativement bon marché. En attendant la fin de la saison, elle avait payé 35 $, l'hiver précédent, pour un complet coûtant initialement 70 $; 35 $, c'était plus que ce qu'elle avait prévu de dépenser, mais le costume lui allait et elle n'a pas pu résister à l'achat. Elle a réussi à avoir de jolis chapeaux bien conçus pour entre 2 et 5 dollars, grâce à une amie qui les a coupés.

Elle passait ses vacances chez des parents dans une ferme à la campagne. Les billets de train et l'achat occasionnel d'un magazine étaient ses seules dépenses de plaisir. Mais elle a passé de nombreux « bons moments » à aller à la plage en été avec des amis qui lui ont payé.

Elle considérait qu'avec une planification minutieuse, une fille pouvait vivre dans un assez bon confort pour 10 dollars par semaine. Mais elle n'a rien épargné.

L'inconvénient qu'elle mentionnait dans ses propres arrangements – le meilleur qu'elle pouvait obtenir pour son salaire actuel – n'était pas le froid de sa chambre dans le hall, chauffée uniquement par le bec de gaz, mais le fait qu'elle n'avait pas d'endroit convenable pour recevoir des amis masculins. Lorsqu'elle recevait la visite d'un homme, elle était obligée de se tourner vers les promenades en tramway, les promenades et diverses sortes d' excursions, littéralement dans les rues, pour obtenir l'hospitalité. Elle parlait fréquemment d'un homme avec qui elle avait passé de nombreux « bons moments ». Elle ne pouvait pas l'emmener dans sa chambre. Les promenades en tramway et les promenades en hiver seraient fades. Elle détestait les bancs de parc comme lieu de villégiature pour une conversation tranquille. Où donc allait-elle le voir ? Même si elle le désapprouvait, elle et une autre fille qui avait une chambre plus grande et plus attrayante que la sienne y avaient reçu des hommes.

Le revenu de Zetta pour l'année était de 520 $. Elle avait dépensé 130 $ en loyer ; 105 $ pour les dîners ; 55 $ pour les petits déjeuners, les déjeuners et la lessive ; 195 $ pour les vêtements, les billets de train d'été et les faux frais ; 15 $ pour le transport en voiture ; et 20 $ pour l'assurance.

IV

L'intérêt de Zetta pour son occupation quotidienne est quelque peu inhabituel dans les chroniques commerciales des vendeuses. On entend fréquemment se plaindre de l'inefficacité et de l'inattention des vendeuses new-yorkaises et de leur impolitesse envers les clients simplement habillés. Même si cette critique contient une certaine vérité, il est bien sûr déraisonnable d'attendre l'excellence d'un service souvent mal payé, souvent inégalement et injustement promu et, sauf en ce qui concerne la tenue vestimentaire, tout à fait non standardisé.

En outre, il ne faut pas oublier que le monde dans lequel la vendeuse exerce son métier est un monde extérieur. Les fortunes, les talents, les goûts, les efforts humains acharnés déployés dans les vitrines de la Cinquième Avenue, le miroitement et l'éclat des belles soieries et des bijoux, le prestige du « commerce de voitures », la distinction de présence de certains clients et leur richesse. et leur liberté d'achat - toute la mondanité de la ville la plus riche des États-Unis défile ici perpétuellement devant les yeux des Zettas dans leur taille en mousseline à 1,20 $ si soigneusement lavée la veille à minuit, et des Alices qui ont pris un petit-déjeuner pour 10 cents. Est-il surprenant qu'ils adoptent l'idéal de vie new-yorkais des vitrines qui se manifeste partout autour d'eux ?

Les vendeuses elles-mêmes sont les pires victimes de leur emploi non standardisé ; et le fait qu'ils passent de longues années de jeunesse dans un travail impliquant une dépense sérieuse de leurs forces, sans les entraîner à la concentration, à la responsabilité individuelle ou à l'ingéniosité, mais en dissipant apparemment ces forces, semble être l'un des aspects les plus graves de leur profession.

Une fière et très jolie petite vendeuse anglaise aux joues roses, aux yeux noisette clairs, insistait particulièrement sur l'inégalité des promotions, en racontant sa fortune dans ce pays.

Elle était assise, pendant qu'elle parlait, dans le salon d'une « maison » chrétienne qui, comme celle de beaucoup d'autres où vivent des vendeuses, était claire et propre, mais avait cet air incontestablement excellent et glacial si subtilement communiqué par l'altruisme. acte de meubler pour autrui - l'air qui caractérise les chambres d'amis, les salons d'hôtel et un grand nombre de salles de réception des colonies.

"J'ai toujours voulu venir en Amérique", a-t-elle déclaré dans sa rapide énonciation en anglais. "Et j'ai économisé quelque chose et j'ai emprunté dix livres à mon frère, et je suis venu. Oh, c'était dur la première partie du temps où j'étais ici. Je me souviens, quand je suis arrivé pour la première fois à la porte de cette maison et que je me suis inscrit, un L'une des autres vendeuses ici était debout à son bureau. Je portais un gros manteau d'hiver, juste un manteau simple et rugueux, mais il fait chaud. Cette fille m'a lancé un tel regard, une sorte de regard ricanant... oh, ça m'a fait chaud ! Mais c'est comme ça que sont les vendeuses américaines. Je n'ai jamais parlé à cette fille.

"Je suis descendu à 50 cents avant de trouver un emploi. Il y avait un magasin où je ne voulais pas aller. Il était bon marché et avait un nom méchant. Un après-midi, alors qu'il faisait froid et sombre, je me suis dirigé vers enfin, et c'était si horrible que je ne pouvais pas y entrer. Il y avait un autre magasin bon marché juste au-delà, et un autre. Tous les acheteurs se précipitaient. Oh, c'était un moment terrible cet après-midi-là, terrible, se tenir là, en regardant ces grands magasins new-yorkais bon marché tout autour de moi.

"Mais finalement , je suis entré et ils m'ont embauché. Ce n'était pas si mal, après tout. En deux mois environ, j'ai eu la chance d'aller dans un meilleur magasin. Je l'aime plutôt bien. Mais je ne peux pas J'économisais n'importe quoi. J'avais 8 $ par semaine. Maintenant j'en ai 9 $. Je paie 4,50 $ par semaine ici pour la nourriture et le logement, mais je suis toujours à la hauteur de mon salaire, le dépensant pour les vêtements et la lessive. Oh, je m'inquiète et je m'inquiète pour l'argent. Mais j'ai remboursé mes 50 $. J'ai maintenant une jolie robe en soie et un nouveau chapeau. Et maintenant je les ai", a-t-elle ajouté en riant, "Je n'ai nulle part où les porter. J'attends avec impatience le dimanche tout au long de la semaine ; mais quand le dimanche arrive, je préfère le lundi.

"Mais je pense que la façon dont vous vous comportez dans le magasin n'a pas beaucoup d'importance en termes de promotion. Une fille à côté de moi qui ne vend pas la moitié de ce que je vends reçoit 12 $ alors que j'en ai 9 $; et la commission que nous avons sur les ventes. La semaine de Noël ne m'a pas été équitable. Le magasin est gentil à bien des égards et laisse les filles s'asseoir à chaque minute quand les clients ne sont pas là, et il propose des cours du soir et des salles de club. Mais pourtant les filles sont découragées de ne pas avoir de promotions équitables et ne pas avoir de commissions directes. Le bien est le bien." [4]

Le manque de charme de l'existence, perceptible dans la plupart des foyers de jeunes filles actives, a été souligné par une vendeuse au rayon porcelaine d'un grand magasin de Broadway, Kate McCray, une jolie jeune Irlandaise d'environ vingt-trois ans, à qui elle a rendu visite dans un hôtel et qui, selon elle, il n'aimait pas en parler aux gens, de peur qu'ils pensent que c'était bizarre. "Vous voyez, c'est un bateau, un paquebot qu'un monsieur qui possède une grande plantation a donné pour un hôtel pour les filles qui travaillent. Cela semble étrange à certaines personnes qu'une fille vive sur la rivière."

Miss McCray payait 3,50 $ par semaine en pension au Maverick Deep-Sea Hotel. Son salaire était de 8 $ par semaine. Elle travaillait dans le même département depuis quatre ans et considérait comme une erreur de ne pas avoir reçu de promotion. Elle ne pouvait rien économiser, comme elle ne faisait pas sa lessive elle-même à cause de la fatigue, et elle était obligée de bien s'habiller. Elle était cependant en excellente santé et louait particulièrement la politique du magasin qui conseillait aux filles de s'asseoir et de se reposer lorsqu'aucun client n'était présent.

Il y avait du brouillard et de la pluie à l'occasion de ma visite au Maverick Deep-Sea Hotel, un paquebot ancré dans l'East River ; et Miss McCray m'a conduit dans la cabine vers un grand groupe de garçons, de femmes âgées et d'enfants, pour la plupart des visiteurs comme moi, et tous écoutant un jeune aux poignets puissants jouer joyeusement : « Vous reviendrez et traînerez, " avec un rag-time fortement accentué, sur un piano droit.

"Environ soixante-dix filles montent à bord de ce bateau. Cette jeune femme qui entre maintenant dans le garde-manger est sténographe, une fille tellement brillante."

Absorbé par le spectacle d'une liberté hôtelière qui permettait à un hôte de se rendre à volonté dans un garde-manger, quelle que soit la force de sa luminosité, j'ai suivi Miss McCray sur le bateau. C'était comme si l'hôtel appartenait aux filles, alors que dans les foyers chrétiens, c'était comme si tout appartenait, non pas aux filles, mais à des chrétiens bienveillants mais soigneusement possessifs. Miss McCray a fait l'éloge du directeur et de sa femme.

"Une vingtaine d'hommes et de garçons restent sur un yacht ancré ici même. Ils embarquent sur ce bateau et rejoignent leur propre bateau lorsque le coup de sifflet retentit à dix heures", a-t-elle poursuivi en me conduisant au fumoir, où elle présenta un certain nombre de très jeunes messieurs qui lisaient des magazines et se promenaient gutturalement ensemble. Eux aussi semblaient fiers de leur position de pensionnaires, fiers du Maverick Deep-Sea Hotel. C'étaient de gentils jeunes gens, qui auraient pu être de jeunes mécaniciens.

Elle m'a montré le pont supérieur avec une satisfaction particulière alors que nous sortions dans l'air frais et pluvieux. La navigation de l'East River et une jetée de loisirs vide étaient noires d'un côté, avec l'eau scintillant dans un reflet projeté entre les deux ; et de l'autre frémissaient toutes les lumières violettes et argentées de la ville. Il y avait peut-être une demi-douzaine de tentes dressées sur le pont.

"Certaines filles dorment dehors ici", dit Miss McCray de sa voix douce. "Ils aiment tellement ça, ils le font tout l'hiver. Ayez beaucoup de couverture et dormez ici dans les tentes. Oh, nous aimons tous ça ! Certains des hommes qui étaient ici en premier se sont mariés ; et ils aiment tellement ça. , ils reviennent toujours ici avec leurs femmes pour nous voir. C'est tellement amical, dit doucement la jeune fille ; "Et peu importe à quel point je suis fatigué quand je viens ici le soir, je m'assois sur le pont et je regarde l'eau et les lumières, et il me semble que tous mes soucis s'envolent."

La bonne humeur du Maverick Deep-Sea Hotel, son rag-time, ses pensionnaires du yacht, le charme des rangées de tentes avec les filles qui dorment leur sommeil salutaire au milieu du vent du fleuve, les mâts, les cheminées, les étoiles et les lumières de la ville, tout cela servait à approfondir l'impression de manque de plaisir normal dans la vie de la plupart des vendeuses.

Ce manque de plaisir, ainsi que les bas salaires et le surmenage, soumettent les femmes des magasins à une tentation facilement concevable.

Les filles des magasins sont importunées, non seulement par des hommes extérieurs à ces établissements, mais aussi, à la honte des directions, par des hommes employés à l'intérieur des magasins.

La présence constante et rapprochée de ce gouffre a plus d'un aspect douloureux. À cause de cela, non seulement les pauvres filles qui tombent souffrent, mais aussi les filles qui ont le sentiment constant d'être « sur leurs gardes » et qui trouvent sage, par crainte des pires soupçons, de renoncer à toutes sortes de plaisirs normaux et de gaietés et plaisirs de la jeunesse. Beaucoup de filles disaient : « Je reste seule » ; "Je ne me fais pas d'amis très vite dans les magasins, parce qu'on ne peut pas savoir exactement à quoi ressemble quelqu'un." Cette peur de l'amitié entre contemporains partageant la même fortune, peur même du monde entier, semblait le commentaire le plus cruel possible sur l'atmosphère de la vie des jeunes filles dans leur métier.

Une autre sorte de méchanceté dans les relations humaines fut abondamment constatée par Miss Johnson, l'enquêtrice de la Ligue, qui travaillait dans l'un des magasins pendant la semaine de Noël.

La "ruée" avait commencé lorsque Miss Johnson avait été transférée, en cette semaine de Noël, du département des cravates au rayon des silencieux au premier étage d'un des magasins les moins chers. Toutes les filles restaient debout toute la journée, de huit à midi et de une à huit heures du soir les premiers jours ; de une heure de midi à dix et onze heures du soir, à mesure que la saison avançait ; et, les dernières nuits affreuses, de midi à minuit suivante. Les filles avaient 35 cents en argent pour le souper. À part cela, tout ce travail supplémentaire n'était pas payé.

Le travail était incessant. Les filles étaient nerveuses, haineuses, méchantes les unes envers les autres. La gérante, une belle et extrêmement rude jeune fille de dix-neuf ans, les injuriait constamment. Les clients étaient avides, insistants, déraisonnables du matin au soir, du soir à minuit. Derrière le comptoir, avec l'avancée du jour, l'endroit devenait un enfer d'épuisement nerveux et d'exaspération. Au cours des deux semaines de service de Miss Johnson, un client l'a remerciée un jour ; et on lui a donné un pourboire de 5 centimes pour le retour rapide d'un colis. Ces deux actes de réflexion ont eu lieu dans la matinée. Miss Johnson a déclaré que c'était une chance pour elle, car, à un mot de considération ordinaire vers la fin de sa longue journée de travail, elle avait cru qu'elle avait dû fondre en larmes.

Il y avait une petite vendeuse dans le département, Catriona Malatesta, une petite Italienne du Nord blanche, affamée, âgée de quatorze ans, au menton fin et au visage sombre et inquiet. Elle avait une sœur adorée, malade, âgée de quatre enfants, outre six autres frères et sœurs plus jeunes, et une mère adorée, à qui elle donnait chaque centime de son salaire de trois dollars et demi par semaine. Un frère aîné, journalier, payait le loyer et leur fournissait à manger à tous. Toutes les autres dépenses familiales étaient couvertes par les trois dollars et demi de Catriona, de sorte qu'elle avait l'habitude de dépenser seulement cinq cents pour son propre déjeuner et, les soirs d'heures supplémentaires, cinq cents pour son propre dîner, afin de pouvoir subvenir à ses besoins. à la maison les trente cents supplémentaires ; et chaque jour, elle paraissait plus blanche et plus âgée.

Au début de la semaine précédant Noël, le magasin a augmenté le salaire de Catriona à quatre dollars. Sa mère lui a dit qu'elle pourrait avoir un demi-dollar supplémentaire pour elle pour Noël. Même si Catriona travaillait depuis quelques mois, c'était le premier argent qu'elle possédait. C'est avec fierté qu'elle a expliqué au ministère comment cet argent devait être dépensé. Elle allait surprendre sa mère avec une nouvelle taille pour Noël, une taille que Catriona avait vue dans le magasin à quarante-neuf cents. Une réduction de dix pour cent était accordée aux employés, de sorte que la taille coûterait quarante-cinq cents. Avec les cinq cents restants, Catriona achèterait une poupée à Rosa, malade. Toute sa vie, Rosa avait voulu une poupée. Maintenant, elle pourrait enfin en avoir un.

Le jour où elle reçut l'argent, Catriona le gardait à portée de main, dans un petit sac à main en cuir noir usé, dans un sac miteux suspendu à son bras, et non hors de vue un instant.

Ses achats devaient se faire dans les trois quarts d'heure prévus pour le souper. Le temps que Catriona prenait pour manger son repas à cinq cents n'était jamais long, de sorte que, même en tenant compte d'achats prolongés, son absence d'une heure était étrange.

"D—— ton âme, où diable étais-tu pendant tout ce temps, Catie ?" lui cria le gérant avec colère, sans lui jeter un regard, quand elle revint enfin.

Catriona avait l'air plus anxieuse et plus blanche que jamais. Son visage était taché de larmes. "J'ai perdu mon sac à main", dit-elle d'une voix hébétée et incertaine. "Il n'était plus là quand j'ai ouvert mon sac à la cantine. Je l'ai cherché partout."

Il y eut un changement soudain et haletant dans l'air du département. Vous auriez pu entendre une épingle tomber.

"Mieux vaut descendre au sous-sol et se laver le visage", dit maladroitement le gérant, avec une douceur incroyable.

"Eh bien," continua-t-elle soudainement, à la minute où Catriona fut hors de portée de voix, "je ne suis pas si pauvre mais je peux aider à rattraper ça ." Elle sortit un billet d'un dollar de son portefeuille. Chacun a contribué quelque chose, même si plusieurs filles sont allées sans dîner à cette fin et qu'une fille est rentrée chez elle à pied après minuit. Au total, ils pourraient donner près de dix dollars.

Le gérant se dirigea maladroitement vers Catriona, quand elle revint après s'être lavé le visage. "Tiens, gamin," marmonna-t-elle penaude, en mettant l'argent dans la main de la petite fille. Catriona, pâle et hébétée, leva les yeux vers elle – regarda l'argent, avec une timide excitation et un bonheur naissant dans ses yeux. Puis elle pleura de nouveau d'excitation et de joie, et tout le monde rit et l'envoya de nouveau se laver le visage.

Cette nuit-là, tout était différent dans le département. Il y avait eu un véritable miracle de transfiguration. Tout l'air des rapports était changé. Toutes les filles étaient douces et dignes les unes envers les autres. Les yeux de Catriona pétillaient de plaisir. Son air soucieux avait disparu. Elle était redevenue une enfant. Elle n'avait jamais eu de beauté physique auparavant ; mais cette nuit-là, des centaines de clients de passage regardèrent avec attention la joie et la beauté de son visage.

Le lendemain, tout se passa comme avant. Les filles se moquaient et se bousculaient. Jura la belle gérante. Une fille est arrivée, l'air si malade que Miss Johnson était terrifiée.

"Tu ne peux pas t'arrêter, Kitty ? Tu as l'air si malade. Pour l'amour du ciel, rentre chez toi et repose-toi."

"Je ne peux pas me permettre de rentrer chez moi."

Malgré leur colère et leur vivacité, les filles parvinrent à épargner Kitty, à se tenir devant elle pour cacher son oisiveté au marcheur et lui accorder quelques minutes de repos occasionnelles assises. Elle traversa les premières heures de la matinée du mieux qu'elle pouvait, même si elle était visiblement sous la pression d'une vive souffrance. Mais vers dix heures, le marcheur, dont il faut dire qu'il était responsable des ventes et de la présentabilité générale du rayon, la vit s'asseoir. "Pourquoi n'es-tu pas occupé ?" il a appelé. "Se lever."

À minuit la veille de Noël, alors que la foule immobile de filles sortait d'un air pâle du grand magasin dans la brillante rue de New York , quelqu'un a dit : « Comment vas-tu, Kitty ?

Elle ne répondit pas pendant une minute. Puis elle dit misérablement : « Oh, j'espère que je serai morte avant le prochain Noël.

<h1 style="text-align:center">V</h1>

La misère pure et sans cause qu'endurait cette jeune fille était, bien entendu, imputable non seulement aux longues heures et à la position debout qu'exigeait son métier, mais au fait que ce métier se poursuivait à une époque où la santé normale d'un grand nombre de personnes les femmes exigent un calme et un repos raisonnables.

À quelques honorables exceptions près [5], on peut dire que c'est une coutume immémoriale des grands magasins de ce pays de traiter les employées, dans la mesure où elles sont capables de se tenir debout et de se tenir debout en toutes saisons, exactement comme si elles étaient des hommes.

Le témoignage d'expert recueilli par la secrétaire à la publication de la National Consumers' League, Miss Josephine Goldmark, pour le mémoire qui a obtenu la loi des dix heures de l'Illinois, donne le compte rendu le plus clair possible de l'effort de force communautaire impliqué dans ces longues heures passées debout pour les élections. femmes.

Rapport de la Commission Sanitaire "Lancet" sur l'Assainissement en Magasin. 1892

Sans aborder la question controversée des droits des femmes, nous pouvons néanmoins considérer comme un fait physiologique indiscutable que, lorsqu'elles sont contraintes de rester debout pendant de longues heures, les femmes, en particulier les jeunes femmes, sont exposées à des blessures et à des souffrances plus graves que les hommes.

Documents parlementaires britanniques. Vol. XII. 1886. Rapport du comité spécial sur le projet de loi sur la réglementation des heures d'ouverture des magasins

Témoin, W. Abbott, MD

"Est-ce que leur emploi leur cause un préjudice, en tant que femmes qui auront des enfants au fil des années ?"

"Selon tous les faits scientifiques, ce serait le cas."

"Et vous, en tant que médecin possédant un nombre considérable d'années d'expérience, ne considéreriez-vous pas les filles qui ont travaillé tant d'heures dans un même poste comme porteuses d'enfants forts et en bonne santé ?"

"Je ne devrais pas."

"Il s'ensuit naturellement, n'est-ce pas, qu'il s'agit d'une question très grave dans l'intérêt de la nation dans son ensemble, indépendamment du préjudice immédiat causé à la personne concernée ?"

"Oui. En ce qui concerne la condition physique de la future race."

Documents parlementaires britanniques. Vol. XII, 1895. Rapport du Comité spécial des magasins. Facture de clôture anticipée

Témoin, Dr Percy Kidd, MD, de l'Université d'Oxford, membre du Collège des médecins et membre du Collège des chirurgiens, rattaché à l'hôpital de Londres et à l'hôpital de Brompton.

" Serait-ce une façon juste de formuler les choses : ce n'est pas le travail proprement dit des gens dans les magasins, mais le fait d'être là et de rester debout dans un air vicié ; ce sont les longues heures qui en sont la partie préjudiciable ?"

"Tout à fait, la tension prolongée."

Informations officielles tirées des rapports des inspecteurs d'usine [allemands]. Berlin, Bruer , 1898

L'inspecteur de Hesse considère qu'une réduction à dix heures du temps de travail pour les femmes dans les usines textiles est "absolument impérative", car la permanence debout est très préjudiciable à l'organisme féminin.

Quatorzième Congrès international d'hygiène et de démographie. Berlin, septembre 1907. Vol. II, sec. IV.
Fatigue résultant de l'occupation. Berlin, Hirschwald , 1908

Docteur Emil Roth :

"Mon expérience et mes observations ne me permettent pas d'éprouver la moindre incertitude en croyant que les dommages à la santé infligés à des travailleurs, même pleinement capables, par les exigences particulières d'un travail périodiquement intensifié, ne sont jamais compensés. Sous ce titre, nous pouvons considérer les exigences de tous les travaux saisonniers, ... ainsi que la période de pointe spéciale dans les magasins avant Noël."

Travail de nuit des femmes dans l'industrie. Rapports sur son importance et sa réglementation juridique. Préface d'Etienne Bauer.
Travail de nuit des femmes dans l'industrie en Autriche. Ilse Von Arlt . Iéna, Fischer, 1903

Les limites appropriées du temps de travail varient selon les individus, mais il est reconnu que non seulement une journée de travail régulièrement longue est préjudiciable, mais aussi qu'un seul cas isolé de surmenage peut être nocif pour une femme pour le reste de sa vie.

Actes du Sénat français, 7 juillet 1891. Rapport sur l'emploi industriel des enfants, des jeunes filles et des femmes.

Quand je demande, quand nous demandons une diminution du labeur quotidien des femmes, ce n'est pas seulement aux femmes que nous pensons, ce n'est pas principalement aux femmes, c'est à l'humanité tout entière. Il s'agit du père, il s'agit de l'enfant, il s'agit de la société que nous voulons rétablir sur ses fondations, dont nous croyons qu'elle s'est peut-être un peu éloignée.

Dans l'État de New York, la loi ne limite en aucune manière la durée du travail des femmes adultes (femmes de plus de vingt et un ans) dans les établissements commerciaux.

La loi concernant les places assises dans les magasins est la suivante :

Sièges pour femmes dans les établissements marchands

Des chaises, tabourets ou autres sièges appropriés doivent être maintenus dans les établissements commerciaux pour l'usage des employées féminines, à raison d'au moins un siège pour trois femmes employées, et leur utilisation par ces employées doit être autorisée à ces moments et dans la mesure nécessaire à la préservation de leur santé.

L'application de cette loi est très difficile. Les inspecteurs du commerce peuvent imposer le nombre de sièges requis. Ils ont émis avec succès cent quatorze ordonnances sur ce point [6] aux magasins au cours de l'année 1909. Mais l'utilisation de ces sièges dans la mesure nécessaire à la préservation de la santé des employées est une autre affaire. De peur d'être mises sur liste noire par les commerçants, les vendeuses ne témoigneront pas devant les tribunaux dans les cas où les employeurs interdisent pratiquement l'utilisation des sièges, en demandant aux employés de faire quelque chose qui exige qu'ils soient debout lorsqu'ils s'assoient. De sorte que dans ces cas, les inspecteurs ne peuvent pas engager de poursuites avec succès, faute de preuves suffisantes.

Par ailleurs, dans un magasin, la direction conseille particulièrement aux vendeuses de s'asseoir à chaque instant lorsque la présence d'une cliente ne l'oblige pas à se lever. Mais l'incapacité de la vendeuse à attirer des clients potentiels lorsqu'elle est assise la maintient néanmoins debout, pour ne pas diminuer ses ventes.

Curieusement, il semblerait que le public qui fait ses courses dans une nation prétendument démocratique n'achètera même pas une bobine de fil à une femme assise. Il y a bien sûr beaucoup de travail pour les femmes [7] —comme le repassage par exemple—dans lequel la position debout est généralement considérée comme absolument nécessaire. Le métier de vendeur n'est pas un travail de ce genre. C'est avant tout la coutume qui exige le statut constant observé dans les magasins ; et, jusqu'à ce que les acheteurs prennent l'habitude d'acheter auprès des vendeuses assises et que les magasins fournissent suffisamment de sièges à toutes les vendeuses et leur permettent de vendre lorsqu'elles sont assises , le système actuel visant à porter atteinte à la santé normale des vendeuses continuera sans contrôle.

La loi de l'État de New York concernant le travail des jeunes femmes (mineurs) dans les établissements commerciaux est la suivante :

Heures de travail des mineurs [8]

Aucune employée féminine âgée de seize à vingt et un ans ne sera tenue, autorisée ou autorisée à travailler dans ou en relation avec un établissement commercial plus de soixante heures par semaine ; ou plus de dix heures par jour, sauf dans le but de raccourcir la journée de travail d'un jour de la semaine ; ou avant sept heures du matin ou après dix heures du soir, n'importe quel jour. *Le présent article ne s'applique pas à l'emploi de personnes âgées de seize ans ou plus, entre le dix-huitième jour de décembre et le vingt-quatrième jour de décembre suivant, tous deux inclusivement* . [9]

C'est-à-dire que, pour la période des fêtes, la période entre toutes où il peut paraître sage et naturel de protéger la santé des jeunes femmes travaillant dans les grands marchés métropolitains, pour cette période, entre toutes les autres, l'État spécifiquement prévoit que la force de sa jeunesse est de n'avoir aucune garantie légale et de pouvoir être soumise au travail sans limite.

Pour l'essentiel, toute la protection juridique actuelle des travailleurs des magasins a été obtenue en 1896, après l'enquête sur les établissements commerciaux menée en 1895 par la Commission Rinehart. [10] Depuis lors, une tentative annuelle a été faite pour perfectionner la loi actuelle et assurer son application, qui avait été laissée entre les mains des conseils locaux de santé et qui était pratiquement inopérante jusqu'en 1908. L'application a ensuite été transférée au Commissaire au travail, et a depuis lors été activement entretenu.

Les audiences sur la loi relative aux établissements marchands ont lieu à Albany, dans une petite salle du Capitole, devant la Commission judiciaire du Sénat et la Commission du travail de l'Assemblée. Ces audiences sont très enflammées. Le soutien est représenté par l'avocat Mornay Williams, et Mme Nathan, Mme Kelley, Miss Stokes, Miss Sanford et Miss Goldmark des ligues de New York et nationale des consommateurs, ainsi que des délégués du Comité sur le travail des enfants, des Working-Girls' Clubs et la Ligue des syndicats féminins. Les hommes et les femmes parlent de l'amendement. [11] L'effort du Support en faveur d' une législation limitant les heures d'ouverture s'est régulièrement heurté à l'opposition de la Retail Dry-Goods Merchants' Association, qui envoie chaque année une délégation influente à Albany.

«Ces dames viennent ici depuis seize ans», disait avec ressentiment un des commerçants au printemps dernier. En regardant autour de lui et en observant les changements dans les visages qui l'observaient parmi les partisans du Soutien, il ajouta : "Eh bien, peut-être pas les *mêmes* dames. Mais elles sont venues."

"Ces dames sont des agitatrices professionnelles", a déclaré un autre commerçant lors d'une autre audience. "Eh bien, ils ont même induit en erreur M. Roosevelt, lorsqu'il était gouverneur, en recommandant l'adoption de leur projet de loi."

Telles sont quelques-unes des raisons avancées par l'opposition pour ne pas limiter la durée du travail des femmes dans les établissements commerciaux.

Parmi les nombreuses caractéristiques communes des expériences de ces vendeuses new-yorkaises, citons les bas salaires, le travail occasionnel, les lourdes dépenses requises en lessive et en habillement, la semi-dépendance , les promotions inégales, le manque de formation, l'absence de plaisir normal, les longues heures debout et un excès de du travail saisonnier, la considération de cette dernière condition commune est placée en dernière position car ses conséquences semblent les plus profondes.

En regardant ces caractéristiques communes dans la vie de ces travailleuses américaines moyennes, on a soudain le sentiment que le phénomène des grands magasins new-yorkais représente un échec douloureux de la démocratie. Quel sera l'aspect des grands magasins new-yorkais dans le futur ? Car New-York restera sans doute longtemps un port de marchandises, l'un des ports les plus pittoresques et les plus fréquentés des Sept Mers. Il ne fait aucun doute que de nombreuses femmes travailleront encore sur ses marchés. Quelles seront leurs chances dans la vie ?

Premièrement, on peut être sûr que la loi de l'État ne refusera pas éternellement de protéger ces femmes et leur avenir, qui est aussi l'avenir de la communauté, du danger d'un travail à durée illimitée. Ensuite, le fait que dans un magasin de Cincinnati l'efficacité des vendeuses a été standardisée et leurs salaires augmentés, le fait que dans un magasin de Boston les employées sont devenues des facteurs responsables dans l'entreprise et le fait qu'une école de vente a ouvertes à New York semblent indiquer la possibilité d'un jour où la vente deviendra standardisée et professionnelle, comme l'ont fait les soins infirmiers au cours du siècle dernier. En outre, on peut croire que les vendeuses n'accepteront pas éternellement d'exercer leur métier dans une activité totalement machinale, sans une expression commune de leur position commune.

Ce qui est très frappant, c'est le fait que, année après année, les femmes de l'Union se rendent à Albany pour lutter pour de meilleures chances dans la vie des commerçantes qui ne peuvent pas actuellement mener sagement cette lutte pour elles-mêmes. Le fait que les femmes de l'Union échouent importe moins que le fait qu'elles continuent à s'en aller.

Mais qu'ont obtenu les ouvrières organisées, les filles d'usine qui défendent avec tant de détermination la justice pour les vendeuses de magasin, grâce à leur syndicat ? C'est pour répondre à cette question que nous nous sommes tournés vers les confectionneurs de chemises new-yorkais, dont les revenus et les dépenses seront ensuite examinés dans cette petite chronique des salaires des femmes.

NOTES DE BAS DE PAGE :

[1] Au cours des six derniers mois, d'autres récits de femmes travaillant dans les métiers mentionnés à New York ont été reçus par Miss Edith Wyatt, vice-présidente de la Ligue des Consommateurs de l'Illinois. Outre les faits établis grâce aux emplois du temps remplis par les travailleuses et aux visites de Mme

Clark et de Miss Wyatt, des informations ont été obtenues par l'intermédiaire de Miss Helen Marot, secrétaire de la New York Woman's Trade-Union League, de Miss Marion MacLean, directrice du Comité d'enquête sociologique de l'Association chrétienne des jeunes femmes des États-Unis, Mlle May Matthews, ouvrière en chef de Hartley House, Mlle Hall, ouvrière en chef de l'Association Riverside, Mlle Rosenfeld, ouvrière en chef du foyer Clara de Hirsch, le Clinton Quartier général de rue de l'Union, des St. George Working Girls' Clubs, de la Ligue des consommateurs de la ville de New York et des bureaux ou archives du Survey, de l' *Independent* , *du* Call *et* de l' *International Socialist Review* .

[2] Il reste à dire qu'il y a, tant parmi les vendeuses que parmi les femmes d'affaires des grands magasins, des acheteuses, des assistantes acheteuses, des receveuses de commandes spéciales, des annonceuses et des chefs de rayon, gagnant des salaires de vingt dollars à deux cents dollars. dollars par semaine. Mais cette expérience ne représente pas la fortune moyenne que la Ligue souhaitait acquérir.

[3] Voici les estimations faites par le St. George's Working Girls' Club des dépenses les plus minimes possibles pour les filles autonomes à New York : Dépenses générales par semaine : chambre, 2 $; repas, 3 $; vêtements, 1,25 $; lavage, 75 cents; trajet en voiture, 60 cents ; plaisirs, 25 cents; église, 10 cents ; club, 5 cents : total 8 $. Compte détaillé des vêtements pour l'année à 1,25 $ par semaine, soit 65 $ par an : 2 paires de chaussures à 2 $ et raccommodage à 1,50 $, 5,50 $; 2 chapeaux à 2,50$, 5$; 8 paires de bas à 12½ cents, 1 $; 2 combinaisons à 50 cents, 1 $; 4 chemises à 12½ cents, 50 cents ; 4 paires de tiroirs à 25 cents, 1$; 4 housses de corset à 25 cents, 1 $; 1 jupon de flanelle, 25 cents ; 2 jupons blancs à 75 cents, 1,50 $; 5 tailles de chemise à 1,20 $, 6 $; 1 taille nette, 2,50 $; 2 corsets à 1$, 2$; gants, 2 $; 2 paires de caoutchoucs à 65 cents, 1,30 $; 1 douzaine de mouchoirs à 5 centimes, 60 centimes ; 3 chemises de nuit à 50 cents, 1,50 $; 1 pull, 2 $; 2 costumes à 15$, 30$: total, 65,65$.

[4] Cependant, plus tard, à l'hiver 1911, cette ouvrière considérait qu'elle avait été payée et promue équitablement.

[5] Macy and Company de New York accorde à celles de leurs employées permanentes qui le désirent un jour de repos mensuel payé. La Daniels and Fisher Company de Denver rembourse à toute salariée qui en fait la demande le montant retenu pour un jour mensuel d'absence pour maladie. On dit cependant que cette excellente règle représente ici plutôt un privilège qu'une pratique, et qu'on ne doit généralement pas en profiter, parce qu'elle n'est généralement pas comprise. L'auteur du présent article n'a pas pu prendre connaissance d'autres exceptions.

[6] Neuvième rapport annuel du commissaire au travail, p. 127.

[7] Voir page 16 (note de bas de page), « La gestion scientifique appliquée au travail des femmes ».

[8] Cette déclaration n'inclut pas l'excellente loi de New York sur le travail des enfants pour les enfants de moins de seize ans, qui n'autorise aucune exception à la période de Noël.

[9] C'est nous qui soulignons.

[10] Une Commission de l'État de New York, nommée à cet effet en 1895, grâce aux efforts de la Ligue des Consommateurs de la ville de New York.

[11] Par crainte d'une perte permanente de leur position, les vendeuses elles-mêmes n'ont jamais été invitées à comparaître en faveur de cette législation et, sauf dans quelques cas où cette difficulté a été annulée, elles n'ont pas été présentes à ces audiences.

CHAPITRE II

LA GRÈVE DES FABRICANTS DE CHEMISES

je

Parmi les membres actifs de la Ladies Waist Makers' Union de New York, il y a une jeune juive russe de seize ans, qui pourrait s'appeler Natalia Urusova . Elle est petite, elle paraît avoir à peine plus de douze ans, avec un visage pâle et sensible, des yeux clairs et sombres, des cheveux noirs très doux et lisses, séparés et tordus en tresses sur la nuque, et la voix la plus douce du monde : une voix encore ravie des légères inflexions d'un enfant.

Elle est la fille d'un professeur russe d'hébreu qui vivait il y a environ trois ans dans un village boisé de hêtres dans les steppes de la Russie centrale. Ici, un voisin de la famille de Natalya, un fermier juif, n'ayant pas compris le manifeste du tsar qui proclamait la liberté d'expression et le socialisme, avait imprimé et dispersé dans le quartier une édition de tracts déclarant que le tsar avait proclamé le socialisme et que le la population doit se lever et se partager une riche ferme à trois kilomètres de là.

Presque aussitôt après l'apparition de ces factures, ce malheureux et un jeune ami juif qui se trouvait par hasard avec lui au moment de son arrestation furent arrêtés et assassinés par les officiers du gouvernement - l'ami se noya, le fermier fut frappé à mort d'un coup de poing. un gourdin. Une foule chrétienne s'est formée et les officiers et la foule ont ravagé toutes les maisons juives de la petite ville. Trente Juifs innocents ont été matraqués à mort, puis littéralement coupés en morceaux. Natalya et sa famille, qui occupaient la dernière maison de la rue, se sont glissés inaperçus jusqu'à la cabane d'une amie catholique romaine, une femme qui cachait seize Juifs sous la paille de la cabane dans les champs où elle vivait, dans une seule pièce, avec huit enfants et quelques cochons et poules. Tirant à la hâte d'un tiroir une petite image en plâtre peinte de couleurs vives d'un saint blessé, cette femme la plaça au-dessus de la porte pour détourner les soupçons. Sa ruse a réussi. "Y a-t-il des Juifs ici ?" l'officier l'appela une demi-heure après, alors que la foule arrivait à travers les champs jusqu'à sa maison.

"Non", dit la femme.

"Ouvre la porte et laisse-moi voir."

La femme ouvrit la porte. Mais comme il ne se doutait de rien, l'officier ne jeta un coup d'œil que très négligemment ; et c'est dans l'ignorance totale que la rage de la foule se déchaînait à travers les champs, au-delà de la petite salle encombrée de Juifs essoufflés.

Dès que l'armée s'est retirée de la ville, Natalya et sa famille se sont rendues en Amérique, où, leur avait-on dit, chacun avait le droit de croire et de s'exprimer librement. Ici, ils se sont installés au sixième étage d'un immeuble de Monroe Street, dans l'East Side de New York. Rien de plus différent du paysage ouvert et silencieux des steppes que l'environnement qui les entoure.

La vue sur la rue de New York est flanquée de hautes rangées d'immeubles en brique crasseux, bordés de escaliers de secours en fer blanc et suspendus à des lits de plumes et à des oreillers bombés qui soufflent aux fenêtres. De jour comme de nuit, les trottoirs et les routes sont bondés de monde : des vieillards barbus coiffés d'une casquette, des femmes perruques tête nue, de belles jeunes filles, des bébés à moitié habillés qui grouillent dans les caniveaux et jouent au carangue. Des chariots poussés, éclairés la nuit par des torches allumées, bordent les trottoirs et font de tout ce lieu bondé et bavard un marché ouvert, rempli de pancartes et rempli de marchandises et de troc. Tout le monde reste dehors autant que possible. En été, les enfants dorment sur les marches et dans des poulaillers couverts le long du trottoir ; car, à l'intérieur, les pièces sont trop souvent petites et étouffantes, certaines sur des cours intérieures fermées avec du linge, d'autres pratiquement comme des placards, sans aucune ouverture sur l'air extérieur.

De très nombreux voisins de Natalya travaillent ici dans le commerce du vêtement. Selon le recensement américain de 1900, la quantité de vêtements pour hommes fabriqués dans les usines de New York représentait près de trois fois celle fabriquée dans n'importe quelle autre ville des États-Unis. Les vêtements pour femmes fabriqués dans les usines de New York représentaient plus de dix fois ceux fabriqués dans n'importe quelle autre ville ; la fabrication de vêtements de prêt-à-porter pour femmes dans ce pays est en effet presque entièrement entre les mains de l'immense population juive de New York. [12]

Dès son arrivée, lorsque son âge le lui permettait, Natalya est entrée dans une usine de fabrication de chemises en tant qu'ouvrière non qualifiée, avec un salaire de 6 dollars par semaine. En montant les escaliers de l'usine de taille, on se rend compte de fortes vibrations. Le rugissement et le vrombissement des machines augmentent à mesure que la porte s'ouvre, et l'on aperçoit dans un long loft, qui est généralement assez clair et propre, bien que parfois ni l'un ni l'autre, des rangées et des rangées de filles la tête penchée et les yeux fixés sur les aiguilles qui clignotent. Ils sont tous intensément absorbés ; car s'ils sont payés à la pièce, ils se dépêchent par ambition, et s'ils sont payés à la semaine, ils sont « accélérés » par le contremaître jusqu'à un rythme fixé par les ouvriers les plus rapides.

Dans l'établissement de Broadway, que l'on pourrait appeler la Bruch Shirt-waist Factory, où travaillait Natalia, il y avait quatre cents filles, six cents en haute saison. Les heures étaient longues : de huit heures à midi et demie, une demi-heure pour le déjeuner, puis de une heure à six heures et demie.

Parfois, les filles travaillaient jusqu'à huit heures et demie, jusqu'à neuf heures. Il n'y avait que deux ascenseurs dans le bâtiment qui abritait d'autres usines. Il y avait deux mille travailleurs à loger dans ces ascenseurs, qui commençaient tous à travailler à huit heures du matin ; de sorte que, même si Natalya atteignait le pied du puits à sept heures et demie, il était parfois huit heures et demie avant d'atteindre l'usine de tailleurs de chemises, au douzième étage. Elle était si souvent amarrée à cause de cet inévitable retard que, souvent, elle ne disposait que de cinq dollars par semaine au lieu de six. Cette injustice, et le fait que parfois le contremaître les faisait attendre inutilement plusieurs heures avant de leur dire qu'il n'avait pas de travail pour elles, était particulièrement fatiguant pour les filles.

Natalya était "tondeuse" dans l'usine. Elle coupa les fils des tailles une fois qu'ils furent terminés, une tâche exigeant très peu d'habileté. Mais le travail des travailleurs qui portent des chemises comporte de nombreux niveaux. Les revenus des fabricants de tailles de lingerie « importées » s'élèvent parfois jusqu'à 25 dollars par semaine. Un tel salaire est cependant tout à fait exceptionnel, et même ainsi moins élevé qu'on pourrait le croire, en raison du caractère saisonnier du travail.

L'ouvrier qualifié moyen, lorsqu'il est très occupé, gagne parfois entre 12 et 15 dollars par semaine. Voici les budgets annuels de certains des ouvriers les mieux payés, plus qualifiés que Natalya – des ouvriers recevant entre 10 et 15 dollars par semaine.

Rachael, une opératrice de taille-chemise âgée de dix-huit ans, travaillait depuis trois ans. Elle avait commencé avec 5 dollars par semaine et ses compétences avaient augmenté jusqu'à ce qu'au cours d'une semaine très chargée, elle puisse gagner de 14 à 15 dollars à la pièce. " Mais, dit-elle, je gagnais trop, alors on me remettait au travail hebdomadaire, à 11 dollars par semaine. Le contremaître est un mauvais conducteur. Pouah ! il nous fait travailler vite, surtout les jeunes débutants. "

Rachael avait elle aussi été chassée de Russie à cause des persécutions chrétiennes. Sa petite sœur avait été tuée dans un massacre. Ses parents étaient partis dans une direction, et elle et ses deux autres sœurs avaient fui dans une autre vers l'Amérique.

Ici, à New York , elle vivait dans un immeuble, partageant une chambre avec deux autres filles et, en plus de travailler dans une usine de confection de chemises, elle faisait sa propre lessive, confectionnait ses propres tailles et allait à l'école du soir.

Ses revenus étaient sérieusement réduits par le caractère saisonnier de son travail. Sur les douze mois de l'année, pendant un mois elle était oisive, pendant quatre mois elle n'avait que trois ou quatre jours de travail par semaine, pendant trois mois elle avait cinq jours de travail par semaine, et pendant quatre mois seulement elle travaillait . avoir du travail pendant les six jours. Malheureusement, au cours de ces mois, elle a développé une toux sévère, qui lui a fait perdre sept semaines de travail, et lui a valu pendant ces semaines des frais de médicaments, un médecin et un autre pensionnat, car elle ne pouvait pas, à cause de sa maladie, dormir avec ses deux amis. .

Son revenu pour l'année était de 348,25 $. Ses dépenses avaient été les suivantes : loyer d'un tiers de la chambre à 3,50 $ par mois, soit 42 $; soupers avec logeuse à 20 cents chacun, 63 $; autres repas, environ 90 $; pension pendant une maladie, sept semaines à 7 $, 49 $; médecin et médicaments (environ) 15 $; vêtements, 51,85 $; club, 5 cents par semaine, 2,60 $; total, 313,45 $, laissant ainsi un solde de 34,80 $.

Les chaussures à elles seules consommaient plus de la moitié de l'argent utilisé pour l'habillement. Ils s'usaient avec une rapidité si étonnante qu'elle avait eu besoin d'en changer une paire une fois par mois. À 2 $ chacun, sauf une meilleure paire, coûtant 2,60 $, leur prix en un an s'élevait à 24,60 $. [13]

En ce qui concerne les dépenses et la conservation de la force de Rachael, elle avait beaucoup misé sur sa santé et son énergie. Sa toux continuait de l'épuiser. Elle était épuisée et fragile, et à dix-huit ans, sa santé se détériorait.

Anna Klotin , une autre ouvrière qualifiée plus âgée, une jeune fille russe de vingt et un ans, compétente et intelligente, ouvrière et tailleuse, gagnait 12 dollars par semaine. Elle était restée inactive pendant douze semaines à cause d'un travail ralenti. Pendant quatre semaines, elle a travaillé de nuit trois fois par semaine, et le paiement de ce temps supplémentaire avait porté son revenu à 480 dollars par an. Sur cette somme, elle a payé 312 $ (6 $ par semaine) pour se nourrir et se loger seule dans une grande et agréable chambre chez une famille sympathique de l'East Side. À sa famille en Russie , elle avait envoyé 120 dollars, et elle avait réussi, d'une manière ou d'une autre, en faisant sa propre lessive, en confectionnant elle-même ses tailles et ses jupes et en réparant les vêtements restés de l'année précédente, à acheter des chaussures et à payer son transport et toutes ses autres dépenses. sur les 48 $ restants. Elle avait acheté cinq paires de chaussures à 2 dollars pièce et un costume à 15 dollars.

Fanny Wardoff , une travailleuse de vingt ans, qui vivait aux États-Unis depuis seulement un an, a aidé sa famille en subvenant aux besoins de son jeune frère.

Pendant quelque temps après son arrivée dans ce pays, les effets néfastes de son voyage en bateau l'avaient rendue trop malheureuse pour travailler. Elle a ensuite obtenu un emploi de finisseur dans une usine de jupes, où son meilleur salaire était de 7 $. Mais ses revenus dans cet endroit avaient été si fluctuants qu'elle ne savait pas exactement quel avait été son revenu total avant les treize dernières semaines. Au début de cette période , elle avait quitté l'usine de jupes et était devenue finisseur dans une usine de tailles, où elle gagnait entre 10 et 12 dollars par semaine, en travaillant neuf heures et demie par jour.

Son logement, son petit-déjeuner et son dîner, dans un immeuble, coûtaient 2,50 $ par semaine. Elle a payé la même chose pour son jeune frère, qui fréquentait toujours l'école. La dépense hebdomadaire a été sensiblement augmentée de 60 cents par semaine pour le déjeuner et de 30 cents pour le trajet en voiture jusqu'au travail. Elle rentra chez elle à pied, quinze pâtés de maisons.

Ses vêtements, pendant les huit mois de travail, avaient coûté environ 40 dollars. Sur ce montant, 8 $ avaient été dépensés pour quatre paires de chaussures. Deux jupes confectionnées coûtaient 9 dollars et une veste 10 dollars. Ses dépenses pour les tailles ne concernaient que le coût du tissu, puisqu'elle les avait confectionnées elle-même.

Elle dépensait 35 cents par semaine pour le théâtre et économisait en faisant sa propre lessive.

Voici les budgets de quelques ouvriers qui gagnent entre 7 et 10 dollars par semaine, moins qualifiés que les ouvriers décrits ci dessus, mais plus qualifiés que Natalya.

Irena Kovalova , une jeune fille de seize ans, subvenait à ses besoins et à ceux de trois autres personnes, sa mère, son jeune frère et sa sœur, avec son maigre salaire de 9 dollars par semaine. C'était une très belle fille, petite, mais fortement bâtie, avec des yeux sombres et graves, un visage carré et des manières plus mûres et plus responsables que celles de beaucoup de femmes de quarante ans. Irena Kovalova n'a pas été sans travail pendant une semaine entière au cours de l'année qu'elle a décrite. Elle n'avait jamais travaillé de nuit ; mais elle avait presque toujours travaillé une demi-journée le dimanche, sauf les semaines creuses. Elle ne savait pas exactement combien il y en avait ; mais il y avait eu suffisamment de temps libre pour réduire son revenu familial pour l'année à 450 $. Ils avaient payé un loyer de 207 dollars pour quatre chambres dans l'East Side et vivaient avec les 243 dollars restants, qu'Irena avait donnés en totalité à sa mère.

Sa mère l'aidait à faire sa lessive et elle avait porté les vêtements qu'elle avait l'année précédente, à l'exception des chaussures. Elle avait été obligée d'en acheter quatre paires à 2 dollars la paire. Ils ont tous réalisé que si Irena pouvait dépenser un peu plus pour ses chaussures, elles les porteraient plus longtemps. "Mais pour les chaussures", dit-elle avec un petit rire, "deux dollars, c'est le maximum que je puisse jamais payer."

C'était une fille d'une santé et d'une force inhabituelles, et bien que parfois très fatiguée la nuit et souffrant de fatigue oculaire à cause de l'observation de l'aiguille, c'était une perte de vitalité différente qu'elle considérait comme alarmante. Elle était obligée de travailler à une époque du mois où elle avait normalement besoin de repos et souffrait d'angoisse devant sa machine à cette saison. Elle avait pensé, dit-elle gravement, que si jamais elle avait de l'argent d'avance, elle essaierait alors de l'utiliser pour se reposer un peu.

Molly Zaplasky , une petite ouvrière russe de quinze ans, faisait fonctionner une machine cinquante-six heures par semaine, faisait sa propre lessive et allait même à l'école du soir. Elle avait travaillé pendant cinq mois, gagnant 9 dollars par semaine pendant cinq semaines, et parfois 6 dollars, parfois 7 dollars pour le reste. Elle et sa sœur Dora, dix-sept ans, également couturière de chemises, avaient une chambre chez la famille d'un cousin dans l'East Side.

Dora travaillait depuis un an et demi. Elle aussi gagnait 9 $ par semaine pendant des semaines complètes. Mais il n'y avait eu que vingt-deux semaines de ce type au cours de cette période. Depuis dix-sept semaines, elle gagnait 6 dollars par semaine. Pendant quatre semaines, elle était restée inactive à cause du manque de travail et, récemment, pendant neuf semaines, elle était trop malade pour travailler, car elle avait contracté la tuberculose. Dora aussi faisait sa propre lessive. Elle a fait sa propre taille et est allée à l'école du soir. Elle avait payé 2,75 $ par semaine pour la pension partielle et le logement. La nourriture, non incluse dans sa pension, coûte environ 1 $ par semaine. La petite Molly avait payé la nourriture et le logement de Dora pendant ses neuf semaines de maladie. Dora, qui avait travaillé si vaillamment, attendait tout aussi vaillamment son tour dans la longue liste d'attente des candidats au foyer Montefiore pour toxicomanes. Elle savait que les chances de son retour auprès de Molly étaient très minces.

Ses dépenses pour la nourriture, le logement et les vêtements pour l'année avaient été les suivantes : chambre et pension (à l'exclusion des neuf semaines de maladie), 161,25 $; vêtements, 41,85 $; total, 203,10 $. Comme son revenu pour l'année était de 297,50 $, il lui restait un solde de 94,40 $ pour toutes les autres dépenses. Les articles vestimentaires étaient les suivants : costume, 12 $; veste, 4,50 $; un chapeau, 2,50 $; chaussures (deux paires), 4,25 $; bas (deux paires par semaine à 15 cents), 15,60 $; sous-vêtements, 3 $; total, 41,85 $.

Un point doit être souligné dans ce budget : le coût considérable des bas, dû aux déplacements quotidiens pour aller et revenir du travail et au manque de force et de temps pour raccommoder le petit ouvrier malade. La dépense en chaussures dans tous les budgets des opérateurs est lourde, malgré le fait qu'une grande partie de leur travail s'effectue assis.

Voici les budgets de certains confectionneurs de chemises qui gagnaient le salaire de Natalya de 6 dollars par semaine, soit moins que ce salaire.

Rea Lupatkin , une confectionneuse de chemises de dix-neuf ans, n'était à New York que depuis dix mois et était d'abord finisseur dans une usine de manteaux. Par la suite, en obtenant un emploi comme opératrice dans une usine de taille, elle pouvait gagner 4 dollars en cinquante-six heures. Elle était dans cette usine depuis six semaines.

Rea payait 4 dollars par mois pour un logement dans deux pièces d'un immeuble avec un homme et sa femme, leur bébé et leur petit garçon. Elle économisait le trajet en voiture grâce à une marche de trois quarts d'heure, ajoutant quotidiennement une heure et demie aux neuf heures et demie déjà consacrées au fonctionnement. Sa nourriture coûtait 2,25 $ par semaine, de sorte que, avec 93 cents par semaine pour le logement, son coût de la vie hebdomadaire régulier était de 3,18 $, lui laissant 82 cents pour toutes les autres dépenses. Malgré cela, et bien qu'elle ait été obligée de dépenser 3 dollars pour un examen de la vue et pour des lunettes, Rea a réussi à envoyer occasionnellement 2 dollars à sa famille en Europe.

Ida Bergeson, une petite fille de quinze ans, reçut une visite un soir à huit heures et demie, dans un immeuble du Lower East Side. Le gaz brûlait vivement dans la pièce ; plusieurs personnes parlaient ; et cette petite Ida, à l'air frêle, gisait sur un canapé au milieu d'eux, dormant, dans tout le bruit et la lumière, complètement épuisée. Sa sœur racontait que chaque nuit, l'enfant revenait de l'usine complètement épuisée, elle était obligée de travailler si dur et si vite.

Ida recevait le même salaire que Natalya : 6 dollars par semaine. Elle travaillait cinquante-six heures par semaine, soit huit de plus que ce que la loi autorise pour les mineurs. Elle payait 4 dollars par semaine pour la pension et une chambre partagée avec la sœur aînée anxieuse, qui racontait son expérience. Ida avait besoin de tout le reste de ses 2 $ pour ses vêtements. Elle faisait sa propre lessive. Alors que l'enquêteur s'éloignait, laissant là petite fille épuisée endormie dans sa fatigue totale, elle se demandait avec quelle force Ida pourrait aborder son éventuel mariage et sa maternité - si, en effet, elle lutterait jusqu'à la maturité.

Katia Halperian , une travailleuse de quinze ans, n'était à New York que depuis six mois. Pendant vingt et une semaines, elle a été employée dans une usine de Wooster Street, gagnant pour une semaine de neuf heures et demie seulement 3,50 dollars. Katia, comme Natalya, était une « tailleuse ».

Après avoir payé 3 $ par semaine de pension à une tante, elle avait un surplus de 50 cents pour tous les vêtements, les loisirs, les factures médicales et les faux frais.

Pour éviter les frais de voiture, elle a marché jusqu'à son travail, soit une distance d'environ quarante minutes. Sa tante habitait au quatrième étage d'un immeuble. Après avoir travaillé neuf heures et demie et marché une heure et vingt minutes par jour, Katia a monté quatre étages et a ensuite aidé aux tâches ménagères.

Sonia Lavretsky, une jeune fille de vingt ans, vivait seule depuis quatre ans. Elle vivait dans un immeuble des plus misérables et mal entretenu, avec une famille qui fabriquait des fleurs artificielles. Elle était totalement incapable de trouver du travail depuis cinq mois, mais cette famille, bien que très pauvre, l'avait gardée avec eux sans paiement pendant tout ce temps.

Elle était opératrice depuis trois mois et mettait des menottes à la taille. En travaillant à temps, elle gagnait 3 $ la première semaine et 4 $ la seconde. Elle fut alors mise au travail aux pièces et, en cinquante-quatre heures et demie, elle ne put gagner que 3 dollars. Licenciée, elle a trouvé un emploi dans l'abattage de manteaux, gagnant entre 3 et 6 dollars par semaine. Mais au bout de douze semaines, le commerce dans cette région s'était également calmé.

Pendant son temps libre , elle est devenue « délabrée » et est restée malade pendant trois semaines. Heureusement, un frère a pu payer les factures de son médecin, jusqu'à ce qu'il soit également licencié pendant une partie de son temps libre.

Lorsque Sonia avait de l'argent, elle donnait à sa logeuse une partie d'une chambre dans l'immeuble pauvre des fleuristes, 3,50 dollars par mois et environ 2,50 dollars par semaine pour la nourriture. Avant le début de sa saison ennuyeuse et de son travail ralenti, elle payait 20 cents par semaine à une société d'auto-éducation et à un club social.

Son frère lui avait donné tous les vêtements qu'elle possédait. Le fardeau de son soutien pesait évidemment lourdement sur lui et sur la famille pauvre de son hôtesse. Et Sonia était profondément découragée. Elle était sur le point de quitter New York dans l'espoir de trouver du travail à Syracuse.

Getta Bursova , une jolie jeune fille russe de vingt ans, travaillait depuis huit ans, depuis l'âge de douze ans. Elle travaillait comme opératrice de taille depuis six ans à Londres et deux ans à New York.

Ici, elle travaillait neuf heures et demie par jour dans une usine de la 19e rue, gagnant entre 5 et 6 dollars par semaine. Sur ce salaire, elle versait à sa sœur 4 dollars par semaine pour la nourriture et le logement dans une chambre intérieure dans un quartier très pauvre de l'East Side, si loin de son travail qu'elle était obligée de dépenser 60 cents par semaine pour le transport automobile. Au cours de ses semaines chargées, il ne lui restait jamais plus de 1,40 $ par semaine, et souvent seulement 60 cents, pour ses vêtements et toutes les autres dépenses.

Getta était d'ailleurs inactive depuis près de six mois. Pendant cette période , elle a bénéficié du soutien de la famille de sa sœur.

Malgré cette défaite de sa fortune, sa présence avait un bel éclat et une belle initiative, et sa robe bon marché avait une certaine délicatesse. Elle était avide de connaissances et, au cours de toutes ses semaines bien remplies, elle avait payé 10 centimes de cotisation à une société d'auto-éducation.

Néanmoins, sa longue saison ennuyeuse a été un fardeau harassant et une déception à la fois pour elle-même et pour la famille en difficulté de sa sœur.

Betty Lukin , une tailleuse de chemises de vingt ans, confectionnait des manches depuis deux ans. Pendant neuf mois de l' année, elle gagnait entre 6 et 10 dollars par semaine ; pour les trois mois restants, seulement 2 $ par semaine. Son salaire hebdomadaire moyen pour l'année serait d'environ 6 $. Sur cette somme, elle dépensait 3 $ par semaine pour les dîners et une place dans un appartement pour dormir, et environ 50 cents par semaine pour le petit-déjeuner et le déjeuner – un petit pain et un peu de fruit ou de bonbons provenant d'un chariot à pousser. Son père était à New York, ne faisant pas grand-chose pour subvenir à ses besoins, de sorte que plusieurs semaines elle s'est privée pour lui donner 3 ou 4 dollars.

Elle dépensait 50 centimes par semaine pour aller au théâtre et 10 centimes pour les cotisations au club. Bien sûr, il lui restait très peu de choses pour s'habiller. Elle avait l'air mal vêtue, et elle était naturellement mal nourrie et très délicate.

Deux points dans le petit récit de Betty sont suggestifs : l'un est qu'elle pourrait toujours aider son père. En écoutant le récit d'un organisateur du syndicat des tailleurs de chemises, un homme qui avait connu quelque 40 000 ouvriers du vêtement, je m'écriais sur les difficultés du métier pour le nombre d'hommes mariés qu'il contenait, et j'étais sur le point de faire un note de cet article quand il m'a arrêté avec empressement. "Attendez, attendez, s'il vous plaît", cria-t-il généreusement. "Quand vous le déposez, alors déposez cela aussi. C'est pareil pour les filles. La plupart d'entre elles sont mariées à une famille. Elles aussi s'occupent des autres."

De cette vérité, les dépenses de Betty de 3 $ à 4 $ pour son père sur son salaire moyen de 6 $, et les neuf semaines de pension et de logement de la petite Molly pour sa sœur, témoignent de manière éloquente. Du côté des filles, elles étaient mentionnées simplement comme « tout cela dans le travail quotidien », et avec la simplicité tacite de cette responsabilité mortelle commune qui est héroïque.

L'autre fait à remarquer dans le récit de Betty est qu'elle dépensait 60 cents par semaine pour les cotisations au club et au théâtre, et seulement 50 cents pour tous ses petits-déjeuners et déjeuners occasionnels sur le trottoir dans les chariots. Une telle soif de changement complet de décor et de pensée, un tel désir de beauté et de romantisme, comme le montrent ces deux éléments comparatifs, apparaissent en eux-mêmes comme un véritable roman. Presque tous les tailleurs de chemises russes vont au théâtre et fréquentent les clubs et les cours du soir, quels que soient leur salaire ou leurs heures de travail. La plupart d'entre eux contribuent au soutien d'une famille.

loin de chez eux, à l'exception d'Irena Kovalova , qui soutenait une famille de quatre personnes. Natalya vivait avec sa mère et son père.

Elle ne faisait pas sa propre lessive, mais elle confectionnait elle-même sa taille ainsi que celle de sa sœur et de sa mère. Mais son histoire est racontée parce que, par d'autres moyens – dans un emploi occasionnel, de longues heures, un traitement injuste et indigne de la part de ses employeurs, et dans les conditions de son effort pacifique pour obtenir des conditions de vie plus justes et meilleures – son expérience a semblé caractéristique du métier . fortune de bon nombre des quarante mille tailleurs de chemises employés à New York au cours des deux dernières années.

Dans des conditions telles que celles décrites ci-dessus, Natalya et d'autres confectionneuses de chemises travaillaient l'automne dernier, lorsqu'un jour elle vit une jeune fille, une ouvrière à la pièce, secouer la tête et s'opposer tristement au bas prix que le contremaître lui proposait pour fabriquer une pièce. taille. "Si vous n'aimez pas ça", dit le contremaître en riant, "pourquoi ne rejoignez-vous pas vos vieilles "sœurs" dans la rue, alors ?"

Natalya se demandait avec intérêt qui étaient ces « sœurs ». En enquêtant, elle a découvert que les ouvriers d'autres usines de chemises à taille basse avaient fait grève, pour diverses raisons de mécontentement à l'égard des termes de leur métier.

Les usines ont continué à travailler avec les briseurs de grève. Certaines entreprises avaient posté des femmes de la rue et leurs cadets devant les magasins pour insulter et attaquer les syndiqués chaque fois qu'ils venaient parler à leurs collègues et pour tenter de les dissuader de vendre leur travail à des conditions injustes. Certains avaient eu recours à une protection policière spéciale et à des casseurs contre les piquets.

Bien entendu, il n'existe aucune loi interdisant le piquetage. Aux États-Unis , chacun a le droit légal de s'adresser pacifiquement à autrui au sujet de sa croyance dans la vente de son œuvre, comme au sujet de sa croyance dans le tarif. Mais le 19 octobre, dix jeunes filles appartenant au syndicat, qui, la veille, s'étaient entretenues paisiblement avec des briseurs de grève, furent arrêtées subitement alors qu'elles marchaient tranquillement dans la rue, accusées de troubles à l'ordre public et traduites en justice. Jefferson Market Court, et condamnés à une amende de 1 $ chacun. Le président des grévistes d'un magasin a été agressé par une bande de voyous alors qu'il collectait des fonds, puis battu et mutilé, de sorte qu'il a été confiné au lit pendant des semaines.

Un après-midi, alors qu'elle rentrait chez elle à pied, une jeune fille de dix-neuf ans, l'une des grévistes, a été agressée en plein jour par un voyou qui l'a frappée au côté et lui a cassé une côte. Elle est restée alitée pendant quatre semaines et sera toujours quelque peu handicapée par sa blessure. Ces oppressions illégales et d'autres encore infligées aux grévistes ont incité un certain nombre de membres de la Ligue des syndicats féminins à aider les jeunes filles à manifester pacifiquement.

Début novembre, un policier a arrêté Mlle Mary E. Dreier, présidente de la Ligue des syndicats féminins, parce qu'elle avait entamé une conversation tranquille avec l'un des briseurs de grève. Miss Dreier est une femme aux moyens indépendants importants, socialement bien connue à New York et à Brooklyn. Lorsque le sergent la reconnut alors qu'elle entrait au poste, il abandonna immédiatement son dossier, réprimanda l'officier et assura Miss Dreier qu'elle n'aurait jamais été arrêtée s'ils avaient su qui elle était.

Ce simple exemple de discrimination a incité les dirigeants de la Ligue des syndicats féminins à protester auprès du commissaire de police Baker contre l'oppression arbitraire des grévistes par les policiers. Il lui a été demandé d'enquêter sur l'action de la police. Il a répondu que les piquets recevraient à l'avenir autant de considération que les autres personnes. L'attitude de la police n'a cependant pas changé.

C'est à ces événements, comme l'a découvert Natalia Urusova , que le contremaître de l'usine Bruch faisait référence lorsqu'il demandait aux filles, en ricanant, pourquoi elles ne rejoignaient pas leurs « sœurs ». En se rendant au siège du syndicat sur Clinton Street, elle a appris tout ce qu'elle pouvait sur le syndicat. Ensuite, à l'usine Bruch, chaque fois qu'une plainte survenait, elle disait nonchalamment, feignant d'être impuissante : « Mais que pouvons-nous faire ? Y a-t-il un moyen de changer cela ? De vagues suggestions émanant du siège de l'Union surgissaient, et elle s'enquérait avec empressement et feignait de se laisser conduire à Clinton Street. Ainsi, petit à petit, à mesure que les longues heures de travail, les bas salaires et l'impudence du contremaître se poursuivaient, elle incita une soixantaine de jeunes filles à comprendre l'organisation et à la considérer favorablement.

Le soir du 22 novembre, Natalya et combien d'autres personnes de l'usine dont elle ne pouvait pas dire, ont assisté à une réunion de masse à Cooper Union, dont ils avaient été informés par des affiches. Elle a été convoquée dans le but de discuter d'une grève générale des travailleurs taille-chemise à New York. La salle était pleine. Des réunions de débordement ont eu lieu au Beethoven Hall, au Manhattan Lyceum et à l'Astoria Hall. Dans la Cooper Union, des discours ont été prononcés par Samuel Gompers, par Miss Dreier et par bien d'autres. Finalement, une jeune fille de dix-huit ans demanda au président le privilège de prendre la parole. Elle a déclaré : "J'ai écouté tous les discours. Je pense et je ressens à partir des choses qu'ils décrivent. Moi aussi, j'ai travaillé et souffert. Je suis fatiguée de parler. Je propose que nous partions en grève générale. ".

La réunion a éclaté sous des applaudissements nourris. La motion a été adoptée à l'unanimité. Le président, M. Feigenbaum, un dirigeant du syndicat, frappa sur la table. "Voulez-vous dire la foi?" il a appelé les ouvriers. « Prêterez-vous le vieux serment juif ? Des milliers de mains droites ont été levées et tout le public a répété en yiddish : [14] "Si je deviens traître à la cause à laquelle je m'engage maintenant, que cette main se dessèche du bras que je lève maintenant."

Ce fut le début de la grève générale des chemises. Un comité de quinze filles et un garçon fut nommé lors de la réunion de la Cooper Union et passa de l'une à l'autre des réunions de débordement, où la même motion fut proposée et approuvée à l'unanimité.

II

"Mais je ne savais pas combien d'ouvriers de mon atelier avaient prêté serment lors de cette réunion. Je ne pouvais pas dire combien d'entre eux se mettraient en grève dans notre usine le lendemain ", a déclaré Natalya par la suite. "Quand nous sommes revenus le lendemain matin à l'usine, personne n'est allé au vestiaire. Nous étions tous assis devant les machines avec nos chapeaux et nos manteaux à côté de nous, prêts à partir. Le contremaître n'avait pas de travail pour nous lorsque nous Mais, comme toujours, il ne disait pas quand il y en aurait, ni s'il y en aurait ce jour-là. Et on chuchotait et on parlait doucement dans toute la pièce, parmi les machines : " Devons-nous attendre comme ça ? " ce?' « Il y a une grève générale. » « Qui se lèvera le premier ? "Il vaudrait mieux être le dernier à se lever, et alors la compagnie pourrait s'en souvenir plus tard et tout se passerait bien pour vous. " Mais je leur ai dit, " observa Natalia en haussant légèrement les épaules, " " Quelle différence cela fait-il ? " cela fait-il lequel est le premier et lequel est le dernier ? Eh bien, nous sommes restés à chuchoter, sans que personne ne sache ce que l'autre allait faire, sans nous décider, pendant deux heures. Puis j'ai commencé à me lever. Ses lèvres tremblaient. "Et à la même minute, tous... nous nous sommes tous levés ensemble, en une seconde. Personne l'un après l'autre, personne avant. Et quand je l'ai vu, cette fois-là, oh, ça m'excite tellement encore, j'arrive à peine à parler. " Alors nous nous sommes tous levés et sommes tous sortis ensemble. Et déjà sur le trottoir devant les policiers se tenaient avec les matraques. L'un d'eux a dit : " Si vous ne vous comportez pas bien, vous aurez ça sur votre tête.' Et il m'a secoué son club.

" Nous savions à peine où aller et quoi faire ensuite. Mais une des jeunes filles américaines, qui savait téléphoner, a appelé la Woman's Trade-Union League, et elles nous ont dit à toutes de nous rendre dans une grande salle à quelques pâtés de maisons de là. Après notre arrivée, nous avons écrit sur papier les conditions que nous souhaitions : pas de travail de nuit, sauf s'il serait prévu en cas de besoin particulier du métier ; et des horaires plus courts; et les salaires sont fixés par un comité. arbitrer équitablement les prix pour chacun et bénéficier d'un meilleur traitement de la part des patrons.

"Puis un leader nous a parlé et nous a parlé du piquetage tranquillement et de la loi. [15]

"Notre usine avait commencé à travailler avec quelques briseurs de grève italiens. [16] Le lendemain, nous sommes retournés à l'usine et avons vu cinq jeunes filles italiennes emmenées au travail, puis emmenées ensuite dans une automobile. J'étais avec un Anna Lunska , une fille plus âgée de notre magasin . Le lendemain matin, devant l'usine, Anna Lunska et moi avons rencontré un grand Italien qui entrait dans l'usine avec des filles. Alors je lui ai dit : "Ces filles nous craignent d'une manière ou d'une autre." Ils ne comprennent pas, et je vais leur parler, leur demander pourquoi ils travaillent et leur dire que nous n'allons pas leur faire de mal du tout — seulement pour parler de notre travail.

"Je me suis approché d'eux pour leur dire ceci. Ensuite, l'homme de grande taille a frappé Anna Lunska à la poitrine si fort qu'il l'a presque renversée. Elle ne pouvait plus reprendre son souffle. Et je suis allé voir un policier qui se tenait juste là et je lui ai dit : "Pourquoi n'arrêtez-vous pas cet homme pour avoir frappé mon ami ? Pourquoi le laissez-vous faire ? Regardez-la. Elle ne peut pas parler ; elle pleure. Elle n'a rien fait du tout", puis il a arrêté l'homme ; et il a dit : — Mais vous devez venir aussi pour porter plainte contre lui. Le grand Italien a appelé un homme hors de l' usine et est venu avec moi, Anna Lunska et les trois filles au tribunal. »

Mais lorsque Natalia et Anna arrivèrent au tribunal et portèrent leur accusation contre le grand Italien, à leur grande surprise, non seulement lui, mais elles aussi, furent conduits en bas jusqu'aux cellules. Il les avait accusés d'avoir attaqué les filles qu'il escortait jusqu'à l'usine.

"Ils m'ont fait entrer dans une cellule", a déclaré Natalia, "et tout d'un coup, ils nous ont enfermés. Ensuite, j'ai eu peur et j'ai dit au policier : 'Pourquoi fais-tu cela ? Je n'ai rien fait du tout.' L'homme a frappé mon ami. Il faut que je fasse appeler quelqu'un.

"Il a dit : 'Vous ne pouvez envoyer chercher personne. Vous êtes un prisonnier.'

"Nous avons alors pleuré. Nous avions peur. Nous ne savions pas quoi faire.

"Après environ une heure et demie, il est venu et a dit que quelqu'un nous demandait. Nous avons regardé dehors. C'était Miss Violet Pike. Un garçon que je connaissais nous avait vu entrer dans la prison avec l'Italien, sans en sortir, et alors il pensait que quelque chose n'allait pas et il était allé voir la Ligue et leur avait dit.

" Ainsi Miss Pike était venue de la Ligue ; et elle nous a sauvés ; et elle est revenue avec nous le lendemain pour notre procès. "

Le lendemain matin, le dossier contre le grand Italien fut rapidement examiné et l'Italien fut libéré. Il a ensuite été convoqué à nouveau en guise de réfutation, et le cas de Natalya et Anna a été appelé. Quatre témoins, dont l'un était le propriétaire de l'usine, ont été produits contre eux et ont déclaré que Natalia et Anna avaient frappé l'une des filles que l'Italien accompagnait. À la fin du procès contre Natalya et Anna, le juge Cornell a déclaré : [17] "Je déclare les filles coupables. Il serait parfaitement inutile pour moi de leur infliger une amende. Certaines femmes charitables paieraient leurs amendes ou pourraient obtenir une caution. Je vais les envoyer à l'atelier en vertu de la loi sur les peines cumulatives, et là, ils auront l'occasion de réfléchir à ce qu'ils ont fait.

"Mlle Violet Pike s'est alors manifestée", a déclaré Natalya, "et a dit : 'Cette phrase ne peut-elle pas être atténuée ?'

"Et il a dit que cela ne pouvait pas être apaisé.

"Ils nous ont emmenés en patrouille vers les Tombeaux.

"Nous avons attendu là-bas dans la salle d'attente. La surveillante nous a regardés et a dit : 'Vous n'êtes pas de mauvaises filles. Je ne vous enverrai pas dans les cellules. Vous pouvez me faire un peu de couture ici.' Mais je ne savais pas coudre. Je me sentais très mal, parce que je ne pouvais pas manger la nourriture qu'ils nous donnaient à midi pour le dîner dans la longue salle avec tous les autres prisonniers. C'était du café avec de la mélasse, des flocons d'avoine et du pain si mauvais que après un premier goût, nous ne pouvions pas l'avaler. Ensuite, pour le dîner, nous avons mangé la même chose, mais aussi de la soupe, avec quelques os de viande dedans. Et avant même que vous vous mettiez à table, ces os sentaient si fort que cela vous rendait très malade. " Mais ils vous obligeaient à vous asseoir à table devant, que vous mangiez ou buviez quelque chose ou non. Et les prisonniers marchaient ensuite en longue file et mettaient leurs cuillères dans un seau d'eau chaude, de même, qu'ils aient mangé quelque chose avec les cuillères ou non.

"Puis nous avons marché jusqu'à nos cellules. Il faisait nuit et il faisait sombre - oh, si sombre là-dedans que c'était épouvantable ! Il y avait trois autres femmes dans la cellule - certaines d'entre elles étaient d'horribles femmes qui sortaient de la rue. Les lits étaient l'un sur l'autre, comme sur les bateaux : des lits en fer, avec une couette et une couverture. Mais il faisait si froid qu'il fallait mettre les deux sur soi ; et les ressorts en fer en dessous étaient nus, et c'était horrible de s'allonger dessus. Il n'y avait pas d'air, on pouvait à peine respirer. Les horribles femmes riaient, criaient et prononçaient des paroles terribles.

"Anna Lunska se sentait si mal et était si faible que je me demandais que devrions-nous faire si son état était bien pire la nuit, dans cette obscurité terrible, où l'on ne pouvait rien voir du tout. Ensuite, j'ai appelé une femme à travers la petite grille. qui était une sentinelle qui passait dans le couloir toute la nuit : " Mon ami est malade. Peux-tu m'apporter quelque chose si je t'appelle pendant la nuit ? "

"La femme a juste ri et a dit : 'Où pensez-vous que vous êtes ? Mais si vous me payez, je viendrai voir ce que je peux faire.'

" Quelques minutes plus tard, elle est revenue avec une bougie, a mélangé quelques cartes à la lueur des bougies et nous a appelé : " Tiens, passe ta main à travers la grille et donne-moi un quart et je te dirai qui sont tes camarades. les cartes.' Alors Anna Lunska a dit : « Nous ne nous soucions pas d'entendre de tels propos », et la femme est partie.

"Toute cette nuit-là, c'était épouvantable. Le matin, nous ne pouvions rien manger du petit-déjeuner. Ils nous ont emmenés dans un chariot comme une prison avec une petite grille, puis dans un bateau comme une prison avec une petite grille. Comme nous l'avons obtenu Là-dessus, il y avait une autre fille, pas comme le reste des prisonnières. Elle pleurait et pleurait. Et j'ai vu que c'était une travailleuse. J'ai réussi à lui parler et à lui dire : « Qui es-tu ? Elle a dit : "Je suis attaquante. Je ne parle pas anglais." C'est tout, ils ne voulaient pas que je lui parle, et j'ai dû continuer.

"Depuis le bateau, ils nous ont fait entrer dans la prison qu'ils appellent Blackwell's Island. Ici, ils nous ont fait mettre d'autres vêtements. Tous les vêtements qu'ils avaient étaient beaucoup, beaucoup trop grands pour moi et ils étaient sales. Ils avaient des robes d'une seule pièce . d'étoffe très lourde, grossière, avec des rayures tout autour, et les jupes sont froncées, et si lourdes pour les femmes. Elles vous traînent presque jusqu'à terre. Tout était tellement trop grand pour moi, les manches traînaient sur mes mains. jusqu'à présent et les jupes au sol jusqu'à présent, ils ont dû les épingler et les épingler avec des épingles de sûreté.

"Ensuite, nous avons eu le même genre de nourriture que je ne pouvais pas manger; et ils nous ont mis au travail pour coudre des gants. Mais je ne pouvais pas coudre, j'étais si faible et malade. La nuit, il y avait le même genre de nourriture que je ne pouvais pas manger, et tout le temps je m'interrogeais sur cette attaquante à la taille de chemise qui ne parlait pas un mot d'anglais, et elle était toute seule et avait la même chose que nous avions d'autres manières. Quand nous passions devant la matrone pour aller dans nos cellules la nuit, Au début , elle a commencé à nous envoyer Anna Lunska et moi dans des cellules différentes. Elle m'aurait fait y aller seul avec l'une des terribles femmes de la rue. Mais j'avais tellement peur, j'ai tellement pleuré et je l'ai suppliée de laisser Anna Lunska et moi restons ensemble, qu'elle a finalement dit que nous pouvions.

"Juste après, j'ai vu cette autre fille, plus loin, si blanche, elle avait dû pleurer et pleurer, et elle avait l'air si effrayée. Je me suis dit : "Oh, je devrais lui demander de venir avec nous aussi". Mais Je n'ai pas osé. J'ai pensé : « Je vais rendre cette matrone tellement en colère qu'elle ne nous laissera même pas Anna Lunska et moi rester ensemble. » Alors j'ai presque atteint notre cellule avant de sortir de la file, de traverser le couloir et de partir. Elle est retournée vers la matrone et lui a dit : "Oh, il y a une autre fille russe ici. Elle est toute seule. Elle ne parle pas un mot d'anglais. S'il vous plaît, s'il vous plaît, cette fille ne pourrait-elle pas venir avec mon ami et moi ?"

"Elle a dit : 'Eh bien, pour l'amour de Dieu ! Alors vous voulez regrouper tous les grévistes ici, n'est-ce pas ? Depuis combien de temps la connaissez-vous ?'

«J'ai dit: 'Je ne l'ai jamais vue jusqu'à aujourd'hui.'

"La matrone a dit : 'Pour le bien de la terre, qu'attendez-vous ici ?' mais elle n'a rien dit d'autre, alors je suis parti, comme si elle n'allait pas laisser cette fille venir avec nous, car je savais qu'elle ne voudrait pas donner l'impression qu'elle le ferait, de toute façon.

"Mais après avoir été dans la cellule avec une Irlandaise et une autre femme, la porte s'est ouverte et cette fille russe est entrée avec nous. Oh, elle était si heureuse !

"Après cela, c'était comme la nuit précédente, sauf que nous pouvions voir la lumière des bateaux passer. Mais il faisait sombre et froid, et nous avons dû mettre la couette et la couverture sur nous et nous allonger sur les ressorts, et tu dois garder tous tes vêtements pour essayer d'avoir chaud. Mais l'air et les odeurs sont si mauvais. Je pense que s'il faisait plus chaud, tu t'évanouirais presque. Je n'arrivais pas à dormir.

" Le lendemain, ils m'ont fait frotter. Mais je ne savais pas comment frotter. Et, pour Anna Lunska , elle s'est mouillée partout de la tête aux pieds. Alors ils ont dit, très en colère : " Il nous semble que vous ne savez pas. comment frotter un peu. Tu peux retourner au rayon couture. En chemin, j'ai traversé une pièce remplie de négresses, et elles criaient : « Regardez, regardez le petit enfant ! » Et elles m'ont saisi et m'ont retourné, et tout le monde a ri, chanté et dansé tout autour de moi. Ces femmes ne semblent pas du tout gênées d'être en prison.

"Dans l'atelier de couture, les deux jours suivants, j'étais si malade que je pouvais à peine coudre. Les femmes se disaient souvent des choses horribles et je m'asseyais sur le banc avec elles. Il y avait une femme au-dessus de nous à la couture qui se disputait tellement avec moi. beaucoup, et m'a dit à quel point c'était mieux pour moi ici que dans les prisons russes, et combien je devais lui en être reconnaissant.

"J'ai dit : 'Comment ça se passe, alors ? N'y a-t-il pas le même genre de nourriture dans ces prisons et dans ces prisons ? Et je pense qu'il y a tout autant de liberté.'"

Le dernier jour de la peine de Natalya, alors qu'elle était de nouveau habillée de sa propre petite veste et de son chapeau et qu'elle était prête à partir, l'une des femmes les plus répugnantes de la rue lui dit : « Je reste ici et tu pars. ". Donne-moi un baiser pour me dire au revoir. " Natalya a dit que cette femme était pour elle une horreur. "Mais j'ai pensé que ce n'était pas très gentil de refuser cela ; alors je lui ai fait un baiser d'adieu et je suis parti."

Les policiers ont gardé les filles jusqu'au bateau-prison pour leur retour à New York. Là, près du ferry, se tenait une délégation composée de membres de la Ligue des syndicats féminins et du Syndicat, attendant de les recevoir.

Tel est le récit d'une des sept cents arrestations opérées lors de la grève des chemises, chronique d'un gréviste pacifique.

Cependant, au fil des semaines, malgré les conseils des dirigeants syndicaux, il y a eu quelques cas de violence de la part des membres du syndicat. Parmi trente mille filles, on ne pouvait pas s'attendre à ce que chacune d'entre elles mène la lutte pour la justice et la tempérance avec une parfaite maîtrise de soi. Dans deux ou trois cas, les membres du syndicat ont riposté lorsqu'ils ont été attaqués. Dans quelques cas, ils se sont excités et ont attaqué les briseurs de grève. Dans une usine, même s'il n'y a pas eu de violence, les travailleurs ont mené leurs négociations d'une manière injuste et malheureuse. Ils avaient estimé que toutes leurs conditions, à l'exception du montant des salaires, étaient justes, et ils admiraient et étaient même remarquablement fiers de la direction, une entreprise composée de jeunes fabricants bien intentionnés. Cependant, au début de la grève générale, ils se sont rendus sans rien dire à la direction, sans même lui faire part de quelque manière que ce soit de ce qu'ils considéraient comme injuste. La direction n'a pas envoyé se renseigner. Après quelques jours, il a repris le travail avec les briseurs de grève. Les anciens employés ont commencé à faire du piquetage. La direction leur a fait savoir qu'elle n'emploierait contre eux, tant qu'ils étaient pacifiques et dans le respect de la loi, aucun des moyens d'intimidation qu'utilisaient nombre d'autres entreprises : police spéciale et voyous. Les filles ont répondu qu'elles organiseraient un piquet de grève pacifiquement et tranquillement. Mais par la suite, de leur propre aveu, d'une franchise des plus désarmante, ils sont devenus insouciants et « trop gais ». Ils faisaient du piquetage en trop grand nombre et étaient trop bruyants. Immédiatement, l'entreprise a employé la police. Avant cela, cependant, les filles avaient commencé à discuter et à se rendre compte de l'inintelligence de leur comportement en ne parvenant pas à envoyer un comité à la direction pour décrire clairement leur position et obtenir des conditions. Ils ont alors désigné et instruit un tel comité, se sont rapidement mis d'accord avec la direction et travaillent depuis lors pour elle dans des relations amicales.

Bien qu'en général la grève ait été à la fois pacifique dans son déroulement et juste en termes de revendication et de méthodes de revendication de la part des grévistes, ces exceptions doivent bien entendu être mentionnées dans l'intérêt de la vérité. De plus, laisser entendre que chaque gréviste arrêté avait autant de sens et de force de caractère que Natalya Urusova donnerait une fausse impression . Natalya a été particulièrement protégée dans son épreuve par un amour vital de l'observation et un sens de l'humour, charmantment fréquents dans l' expérience de l'écrivain actuel avec les jeunes filles et femmes russes. Avec ces qualités, elle pouvait passer nuit après nuit enfermée avec les femmes de la rue, dans ses drôles et énormes vêtements de prison, et rester aussi insensible à l'influence de ses compagnons que si elle avait été un géranium en fleurs ou une réséda enfermée dans une cave crasseuse comme un commodité pendant quelques minutes, puis ramené à son air frais natal. Mais des qualités comme les siennes ne peuvent pas être exigées de toutes les filles très jeunes et non protégées, et les placer sans raison avec des femmes de la rue relève en général d'une irresponsabilité et d'une folie scandaleuses que l'expérience d'une jeune fille de la pénétration et de l'auto-égoïsme individuelles de Natalya n'implique pas suffisamment. dépendance.

III

Depuis le début de la grève, de nombreuses usines ont accepté les conditions syndicales. Mais de nombreuses usines étaient toujours en grève et les piquets de grève du syndicat se poursuivaient, ainsi que les arrestations injustifiées, comme celle de Natalya, de la part des employeurs et de la police. Les quelques exceptions à la règle générale du piquetage pacifique ont été énoncées. Plus de deux cents arrestations ont été effectuées en trois jours début décembre. Le 3 décembre, un cortège de dix mille femmes marcha jusqu'à l'hôtel de ville, accompagnant les délégués du syndicat et de la Ligue des syndicats féminins, et rendit visite au maire McClellan dans son bureau et lui remit cette lettre :

HONORABLE GEORGE B. MCCLELLAN ,
maire de la ville de New York.

Nous, membres du Syndicat des faiseuses de chemises pour dames, un corps de trente mille femmes, faisons appel à vous pour qu'il soit mis un terme immédiat aux insultes, aux intimidations et aux abus auxquels la police nous a soumis pendant que nous étions piquets de grève. C'est notre droit légitime.

Nous protestons contre la discrimination flagrante de la Police en faveur des employeurs, qui utilisent tous les moyens pour nous inciter à la violence.

Nous faisons appel à vous directement dans ce cas, plutôt qu'à votre commissaire de police.

Nous faisons cela parce que nos demandes au cours des six derniers mois n'ont eu aucun effet sur la diminution des outrages perpétrés contre nos membres, et nos demandes n'ont pas non plus été entendues équitablement.

Respectueusement votre,

S. SHINDLER , *secrétaire* .

Le maire a remercié le comité d'avoir porté l'affaire à son attention et a promis de porter la plainte auprès du commissaire de police.

Mais les arrestations et les violences policières se sont poursuivies sans contrôle.

Le 5 décembre, la Ligue pour l'égalité politique, à l'instigation de Mme OHP Belmont, a tenu une réunion comble au profit du Syndicat des tailleurs de chemises. De nombreuses jeunes filles emprisonnées étaient présentes et ont raconté au public des histoires claires et directes sur le traitement qu'elles avaient subi de la part de la ville. Le comité de réunion avait offert une loge au maire et à d'autres responsables de la ville, mais ceux-ci ont refusé d'être présents.

Une fois de plus, les arrestations et les violences se sont poursuivies sans protection pour les travailleurs. Néanmoins , leur cause gagnait constamment et, même si toutes les tentatives d'arbitrage général échouaient, de plus en plus de patrons s'arrangeaient avec les ouvriers. Ils ont continué à s'installer en décembre et janvier jusqu'à la mi-février. Tous les magasins de New York, sauf treize, avaient alors conclu des accords satisfaisants avec les travailleurs syndiqués. La fin de la grève a été officiellement déclarée.

Le magasin de Natalya s'est installé avec les ouvriers le 23 janvier et elle est retournée au travail le lendemain.

Son salaire a été augmenté de 2 dollars par semaine, soit 8 dollars par semaine au lieu de 6 dollars. Ses horaires hebdomadaires étaient désormais de cinquante-deux au lieu de soixante, soit neuf heures et demie par jour, avec un samedi demi-jour férié. Mais depuis lors, elle a été obligée d'aller dans une autre usine en raison de la lenteur du travail.

Parmi les travailleurs les plus qualifiés que Natalya à New York aujourd'hui, Irena Kovalova , qui fait vivre sa mère et ses jeunes frère et sœur, gagne 11 dollars par semaine au lieu de 9 dollars. Elle n'est pas obligée de travailler le dimanche et son usine ferme à cinq heures au lieu de six le samedi. "J'ai quatre heures de moins par semaine", dit-elle avec satisfaction. La famille s'est sentie en mesure de lui offrir une nouvelle robe coûtant 11 dollars et du matériel pour un costume, coûtant 6 dollars. Un ami, un voisin, l'a fait comme cadeau pour Irena.

Parmi les travailleurs plus âgés et plus qualifiés qu'Irena, Anna Klotin , qui a envoyé 120 dollars à sa famille l'année dernière, ne dispose désormais que de 6, 7 et 8 dollars par semaine et d'un travail très pauvre et incertain, au lieu de ses 12 dollars auparavant. une semaine. Elle était l'une des treize usines qui ne se sont pas installées. Sur leurs cent cinquante filles, ils souhaitaient qu'une vingtaine de leurs opérateurs les plus qualifiés reviennent chez eux dans les conditions syndicales, laissant le reste sous les vieilles longues heures supplémentaires et des salaires indéterminés et non réglementés. Anna était l'une des ouvrières que l'entreprise souhaitait retenir aux conditions syndicales, mais elle estimait qu'elle ne pouvait pas séparer ses chances dans son métier de la fortune de ses cent trente compagnons. Elle a refusé de revenir dans des conditions si injustes pour eux. Elle est restée dans sa pension, car sa logeuse, consciente du caractère responsable d'Anna, est toujours prête à attendre de l'argent lorsque le travail est faible. Elle n'a acheté cette année que deux paires de chaussures, un chapeau à 50 centimes et une ou deux ceintures en mousseline qu'elle a confectionnées elle-même. Elle a vécu du travail qu'elle pouvait trouver de temps en temps dans différentes usines. Anna ne rechignait en aucune façon à son sacrifice en faveur des travailleurs les moins qualifiés. "Avec le temps", a-t-elle déclaré, "les choses s'amélioreront pour nous tous". Et le principal regret qu'elle a mentionné était de n'avoir pu envoyer d'argent chez elle depuis la grève.

Les alliés les plus fidèles des fabricants de chemises dans leur tentative d'obtenir des conditions commerciales plus favorables furent les membres et les dirigeants de la Ligue des syndicats féminins, dont la réponse et la générosité furent constantes du début à la fin de la grève. La chronique de la plus grande grève des femmes de ce pays n'est pas encore terminée. Un procès est actuellement en cours contre la Woman's Trade-Union League et le Syndicat pour complot visant à restreindre le commerce, intenté par la Sittomer Shirt-waist Co. Un procès test est en cours contre le juge Cornell pour emprisonnement abusif, intenté par l'un des attaquants de taille.

L'issue totale de la grève, quant à ses effets sur les salaires des femmes dans le commerce des chemises, sur leurs revenus et leurs dépenses professionnelles, tant financières que vitales, ne peut bien sûr pas encore être pleinement connue. L'affirmation selon laquelle il y a eu une augmentation générale des salaires doit être modifiée d'autres manières que celle suggérée par la diminution des revenus d'Anna Klotin au cours de l'année qui a suivi la grève. Dans les usines où le prix du travail aux pièces est soumis à l'arbitrage entre un comité syndical des travailleurs et l'entreprise, ce comité n'est pas toujours en mesure d'obtenir un prix équitable pour le travail. L'une des plus grandes usines s'est engagée verbalement à respecter les conditions de l'Union, mais elle n'a signé aucun contrat écrit et a depuis rompu sa parole. Il établit une discrimination à l'égard des membres du syndicat et insiste sur le travail du dimanche et sur le travail de nuit plus de deux nuits par semaine. De plus, pendant les dix-sept semaines de grève, de nombreuses commandes de chemises habituellement exécutées à New York furent passées auprès d'entreprises du New Jersey et de Pennsylvanie. La saison actuelle à New York a été inhabituellement ennuyeuse, et maintenant, au moment d'écrire ces lignes, au début du mois d'août, de nombreuses filles sont découragées en raison du peu d'argent qu'elles gagnent grâce au travail ralenti.

"Mais ce n'est pas la faute des employeurs", a déclaré l'un des travailleurs. "Vous devez être raisonnable avec eux. Vous ne pouvez pas leur demander de vous donner un travail qu'ils ne sont pas en mesure d'obtenir." Sa remarque est citée à la fois pour sa sagesse et dans un autre but. C'était la fille qui sera toujours handicapée par l'attaque du voyou de son employeur. Sa mention discrète et instinctive de la nécessité de justice dans l'examen des conditions des employeurs avait pour l'auditeur qui l'entendait une générosité et une noblesse des plus significatives et inconscientes.

En repensant à la grève de la taille des chemises près d'un an plus tard, sa valeur commune la plus profonde apparaîtrait à un spectateur sans préjugés comme étant son esprit. Quelque chose de plus grand qu'un esprit de classe, quelque chose de plus juste qu'un esprit de foule, quelque chose que l'on pourrait peut-être appeler un esprit de masse, s'est manifesté dans les efforts des faiseurs de chemises pour de meilleures conditions de vie.

"L'aspect le plus remarquable de la grève", dit un écrivain dans l' *Appel* , [18] "C'est l'absence de dirigeants. Toutes les filles semblent imprégnées d'un esprit d'activité qui surpasse de loin tous les soulèvements industriels précédents. L'une d'elles, comme toutes, est prête à assumer la présidence, le secrétariat, à faire des piquets de grève, à être arrêtée, et aller en prison. »

Il n'y a jamais eu de grève comparable à celle des tailleurs de chemises. Peut-être qu'il n'y en aura plus jamais d'autre comme celui-là. Après avoir fait face à toutes les critiques légitimes de sa conduite et reconnu ses erreurs, il n'en reste pas moins que la grève de New York disait : « Tous pour un et un pour tous », avec une candeur magnétique nouvelle et émouvante dans la voix de la ville la plus grande et la plus riche de notre pays – peut-être nouvelle dans la voix du monde. Il est merveilleux de savoir que dans ce monde d'aujourd'hui, invisibles, inouïes, existent des forces comme celles de cette fille du ghetto qui, dans le quartier le plus misérable de New York, avec une nourriture maigre, des vêtements maigres, épuisée par une santé fragile et un surmenage, elle pouvait encore marcher toute sa vie, donnant la moitié de son salaire le jour à quelqu'un d' autre, profitant du théâtre le soir et, dans les circonstances les plus pauvres, déversant abondamment sa légère force comme une chanson de plaisir et de dévotion. Il est merveilleux de savoir que lorsque Natalya Urusova se trouvait dans l'obscurité, la faim, la peur et le froid sur l'île de Blackwell, elle pouvait encore se soucier de manière responsable du sort d'un étranger et avait quelque chose à lui offrir noblement. Merveilleux de savoir que, après que ses os aient été brisés par la violence d'un voyou d'un employeur, l'une de ces filles pouvait encore parler pour lui en faveur d'une parfaite équité avec un instinct de justice vraiment grand et passionnant. De telles femmes ennoblissent la vie et donnent au monde une conception plus riche et modifiée de la justice – une justice de l'imagination et du cœur, soucieuse non pas de vengeance, mais simplement de la beauté de la vérité parfaite pour le sort de toutes les créatures mortelles.

.

Outre la valeur que l'esprit de la grève des chemises a apporté aux ouvriers, ils ont obtenu un autre avantage. C'était une mesure plus grave encore qu'une augmentation des salaires et des conséquences plus profondes pour leur avenir. Ils ont gagné moins d'heures.

Quelle est alors la fortune commerciale de certaines de ces milliers d'autres femmes, d'autres ouvrières de machines dont les horaires et les salaires sont aujourd'hui identiques à ceux des confectionneuses de chemises avant la grève des chemises ? Que donnent à leur industrie certaines de ces autres ouvrières d'usine, non syndiquées et entièrement dépendantes de la législation pour conserver leurs forces par des horaires de travail plus courts ? Qu'en retirent-ils ? Pour répondre à ces questions, nous nous tournons vers certains couturiers d'électroménager , fabricants de ceintures et couturiers de robes d'enfants, pour connaître leurs revenus et leurs dépenses liées à leur travail hors de chez eux à New York.

NOTES DE BAS DE PAGE :

[12] *Bulletin de l'étiquette syndicale* , Vol. 2, n° I, p. 1.

[13] Cette dépense serait probablement plus lourde à cette date, car les filles qui travaillent dans l'un des clubs de filles qui travaillent à St. George ont estimé au début de l'été que des chaussures d'une qualité achetable il y a deux ans à 2 $ coûteraient maintenant 2,50 $.

[14] Constance Leupp, dans l' *Enquête* .

[15] La circulaire d'avis émise un peu plus tard par le Syndicat se lit comme suit :—

RÈGLES POUR LES PICKETS

1.   Ne marchez pas en groupe de plus de deux ou trois personnes.

2.   Ne restez pas devant le magasin ; monter et descendre le pâté de maisons.

3.   N'arrêtez pas la personne à qui vous souhaitez parler ; marcher à ses côtés.

4.   Ne vous énervez pas et ne criez pas lorsque vous parlez.

5.   Ne posez pas la main sur votre interlocuteur. Ne touchez pas sa manche ou son bouton. Cela peut être interprété comme une « agression technique ».

6.   N'appelez personne « scabs » et n'utilisez aucun langage abusif de quelque nature que ce soit.

7.   Plaidez, persuadez, faites appel, mais ne menacez pas.

8.   Si un policier vous arrête et que vous êtes sûr de n'avoir commis aucune infraction, notez son numéro et remettez-le à vos dirigeants syndicaux.

[16] Dans les usines où les jeunes filles russes et italiennes travaillaient côte à côte, leurs sentiments réciproques semblent généralement avoir été amicaux. Après le début de la grève, on tenta de les opposer les uns aux autres par des appels religieux et nationalistes. Cela rencontra peu de succès. Le siège italien des organisations de travailleurs italiens souhaitant être créé fut bientôt créé. Petit à petit, les ouvriers italiens du textile entrent dans l'Union.

[17] Extrait du procès-verbal sténographe du procès Per.

[18] Thérèse Malkiel , 22 décembre.

CHAPITRE III

LES REVENUS ET LES DÉPENSES DE CERTAINS OUVRIERS D'USINE DE NEW YORK

[Travail d'usine non qualifié et saisonnier]

je

Outre les témoignages des fabricants de ceintures, la Ligue nationale des consommateurs a reçu dans son enquête des chroniques spécifiques d'ouvriers d'usine qualifiés et non qualifiés, ouvriers et opérateurs de machines - entre autres, conditionneurs de médicaments, de biscuits et d'olives, de rouleurs de cigarettes, de boîtes. fabricants, fabricants de parapluies, fabricants de chapeaux, fabricants de gants, couturiers de fourrures, brodeurs à la main, ouvriers en électroménager, fabricants de jupes, ouvriers sur des manteaux pour hommes et ouvriers sur des robes pour enfants.

Comme on le verra, la situation occupée et décrite par telle ou telle fille peut, dans un an ou cinq ans, ne plus être la sienne, mais celle d'un autre travailleur. De sorte que la synthèse de ces chroniques est présentée, non pas comme une photographie composite des expériences industrielles dans un métier donné, mais plutôt comme une vision kinétoscope précise de la vie annuelle des ouvriers d'usine qui passent au hasard.

Aux fins d'enregistrement, ces annales peuvent être grossièrement divisées entre celles des ouvriers d'usine non qualifiés et saisonniers, et celles dont les récits exprimaient les effets de la monotonie et de la fatigue dus à la vitesse dans l'exécution de leurs tâches. Cette division doit rester lâche pour donner une impression véridique. Car une même jeune fille autonome a souvent été une ouvrière qualifiée et non qualifiée, à la main, sur une machine et dans plusieurs industries.

Le découragement face au manque de possibilités d'avancement a été exprimé par presque tous les narrateurs de leur histoire qui étaient engagés dans des travaux d'usine non qualifiés. Parmi eux, Emily Clement, une Américaine, fut l'une des premières ouvrières à rendre compte de son expérience à la Ligue.

Emily s'occupait d'une machine à enveloppes, avec un salaire de 6 dollars par semaine. Elle avait environ vingt ans ; et avant son emploi à la machine à enveloppes, elle avait travaillé, à l'âge de quatorze ans, pendant un an dans une usine de tapis ; puis pendant deux ans dans une usine de tabac ; puis, pendant deux ans, il avait tenu maison pour une sœur et une tante vivant dans un immeuble de l'East Side.

Elle vivait toujours avec eux, partageant une chambre avec sa sœur et payant 3 dollars par semaine pour son logement, avec pension et une partie de sa lessive. Elle faisait le reste de sa lessive et confectionnait certains vêtements de sa sœur et tous les siens. Ce savoir-faire lui avait permis d'obtenir, pour 5,20 dollars, prix de l'étoffe, le joli costume de printemps qu'elle portait - un manteau, une jupe et un pull, d'étoffe beaucoup trop fine pour la protéger du froid du temps, mais élégamment coupés et devenir.

Dans ses temps libres, elle avait fait un peu de couture pour des amis, car ses revenus étaient tout à fait insuffisants. Durant les vingt-deux semaines qu'elle avait passées à l'usine, elle avait travaillé à plein temps pendant onze semaines et demie, à 6 dollars ; mi-temps pendant huit semaines et demie, à 3 $; et deux semaines de travail inactif, au cours desquelles elle ne gagnait que 1,50 $ chacune.

Elle n'avait pas d'argent à dépenser pour ses loisirs ; et, dans son désespoir face à l'avenir et sa soif naturelle de plaisir, elle l'acceptait parfois grâce à des connaissances fortuites rencontrées dans la rue.

Une autre ouvrière non qualifiée de vingt ans, Sarina Bashkitseff , avait l'intention d'échapper à son travail monotone et à son faible salaire en s'instruisant dans une école du soir privée.

Pour cela, elle a réussi à économiser 4 dollars par mois sur son revenu de 4 dollars par semaine. Sarina emballait des poudres dans une usine pharmaceutique de huit heures à six heures, avec trois quarts d'heure pour le déjeuner. C'était une belle et brillante fille, qui venait travailler l'hiver vêtue de son manteau d'été, avec une petite sous-veste de laine pour la protéger du froid et un simple chapeau de feutre bon marché, très moqué par les Américains. filles. Sarina méprisait la portée mentale de ces filles ; dédaignée de dépenser pour s'habiller, de l'argent avec lequel elle pourrait apprendre à lire « Othello » et « Le Roi Lear » dans l'original ; et dédaignait de passer à rire l'heure du déjeuner, pendant laquelle elle pouvait lire dans les journaux yiddish les dernières nouvelles de la lutte en Russie.

Dans l'usine de drogue et dans sa chambre du hall de l'East Side , elle vivait dans son propre monde – un monde splendide et généreux de tragédies anglaises qu'elle étudiait à l'école du soir, et d'espoirs et de déceptions palpitants de la révolution russe.

Elle était à New York depuis un an. À cette époque, elle travaillait dans une usine de fleurs artificielles, gagnant entre 2 et 2,25 dollars par semaine ; puis comme découpeuse dans une usine de boîtes, où elle gagnait d'abord 3 dollars par semaine, puis 5 dollars pour dix heures de travail par jour. Elle a quitté cet endroit parce que l'employeur était très laxiste en matière de paiement et l'escroquait parfois de petites sommes. Elle a ensuite essayé de finir des manteaux pour hommes ; mais travailler de sept heures trente à midi et de une à six heures par jour ne lui rapportait que 3 dollars par semaine et un grave épuisement. [19]

Sur son salaire actuel de 4 dollars, elle dépensait 60 cents par semaine pour les frais de voiture et 4,25 dollars par mois pour sa part d'une chambre dans un immeuble. Même si elle ne vivait pas avec eux, sa mère et son père étaient à New York et elle dînait gratuitement avec eux. Son déjeuner lui coûtait entre 7 et 10 cents par jour et son petit-déjeuner consistait en des petits pains valant 1½ cent.

Tout ce qui rendait supportables les jours de famine et de dur labeur de Sarina Bashkitseff , c'était sa détermination claire à y échapper en s'instruisant. Son sort pourrait être exprimé dans les mots de Whitman : « Désormais, je ne demande plus la chance, je suis moi-même la bonne fortune. »

Quelle que soit sa situation, peu de personnes au monde pourraient être en mesure de la plaindre.

Marta Neumann, une autre ouvrière d'usine non qualifiée, une jeune Autrichienne de dix-neuf ans, essayait également d'échapper à son poste actuel en suivant des cours du soir, mais elle était épuisée par un cruel mal du pays.

Marta avait passé toute sa jeunesse, depuis son enfance, à la maison, — quatre ans à New York — dans des travaux d'usine, sans la moindre perspective d'avancement. Son travail était du genre le moins habile : couper les extrémités des fils des bretelles des hommes, les plier et les placer dans des boîtes. Au début, elle gagnait 3 dollars par semaine et avait été avancée à 5 dollars avec une augmentation de 50 cents à chacun des quatre derniers Noëls depuis qu'elle avait quitté son père et sa mère. Mais elle savait qu'elle ne dépasserait pas ce dernier prix, et craignait d'entreprendre des travaux plus pénibles, car, même si elle avait conservé sa santé, elle n'était pas du tout forte.

Elle travaillait de huit à six heures, avec une demi-heure à midi. Samedi, l'usine fermait à cinq heures en hiver et à une heure en été. Son revenu pour l'année était de 237,50 $. Elle avait dépensé 28,50 $ pour le transport en voiture ; 13 $ pour un costume ; 2 $ pour un chapeau ; et 2 dollars pour une paire de chaussures qu'elle portait depuis dix mois. Sa pension et son logement chez une sœur mariée lui coûtaient 2,50 dollars par semaine, soit moins que chez des étrangers. Mais elle dormait avec une partie de la famille de sa sœur, faisait sa lessive et celle de sa sœur, lavait le sol et se levait tous les jours à cinq heures et demie pour aider aux travaux et préparer son déjeuner avant de partir à sept heures pour l'usine.

Marta pouvait gagner si peu qu'elle n'avait jamais pu économiser suffisamment pour entreprendre le voyage tant désiré de retour en Autriche pour voir sa mère et son père. Bien que leurs deux enfants se trouvaient dans le nouveau pays, sa mère et son père ne seraient pas admis en vertu de la loi sur l'immigration, car son père était aveugle.

Le manque d'opportunités d'évolution parmi les ouvriers d'usine âgés et non qualifiés peut être illustré par l'expérience de Mme Hallett, une Américaine de quarante ans, une petite veuve légère et à la voix douce, qui emballait des bonbons et attachait et étiquetait des boîtes depuis des années. seize ans. Durant cette période , elle était passée d'un salaire de 4 dollars par semaine à un salaire de 6 dollars, gagné par une semaine de neuf heures, avec un samedi demi-congé.

Cependant, comme pour Marta, cela représentait un paiement de la part de l'entreprise pour la durée de service, et non une avance vers une main-d'œuvre plus qualifiée ou responsable avec plus de perspectives. Dans le cas de Mme Hallett, cela était en partie dû au fait que la prochaine étape aurait été de devenir commis dans l'un des magasins de détail de l'entreprise, et qu'elle n'était pas assez forte pour supporter toute la journée debout que cela exigerait. Mme Hallett aimait cette entreprise. Le contremaître était prévenant et une semaine de vacances payées était accordée aux employés.

Mme Hallett vivait dans une chambre excessivement petite et non chauffée, au quatrième étage d'une immense maison ancienne remplie du bruit du chemin de fer surélevé. Le soir de l'appel de l'enquêteur, elle craignait pathétiquement que son visiteur ne prenne froid parce qu'« elle n'y était pas habituée ». Elle alluma une petite bougie pour lui montrer la chambre, meublée d'une chaise droite et dure, d'un lit de camp et d'un lavabo avec une cruche cassée, mais avec à peine de la place pour Mme Clark et sa gentille petite hôtesse à l'esprit civique. Ils étaient assis, parfois noyés dans le bruit des toits, dans l'obscurité presque complète, tandis que Mme Hallett insistait pour faire un vain effort pour extraire un peu de chaleur pour son invité de l'unique bec de gaz, en y attachant un très petit jet de gaz. -poêle.

Pour cette pièce, située à quelques pas de l'usine de bonbons, Mme Hallett payait 1,75 $ par semaine. Son petit-déjeuner composé de café et de petits pains dans une boulangerie voisine lui coûtait 10 centimes par jour. Elle répartissait 15 ou 25 cents chacun pour son déjeuner ou son dîner au restaurant. Dans ses moments les plus affamés et les plus extravagants, elle déjeunait pour 30 cents. Son allocation pour la nourriture devait être maigre, car, comme elle n'avait pas de buanderie, elle était obligée de faire sa lessive à l'extérieur. Parfois, elle parvenait à économiser un dollar par semaine pour acheter des vêtements. Mais cela signifiait vivre moins proprement en faisant moins de lessive ou en ayant davantage faim. Au cours de la dernière année, ses dépenses en vêtements avaient été d'un peu plus de 23 $: chapeau d'été, 1 $; chapeau d'hiver, 1,98 $; meilleur chapeau, 2 $; chaussures (2 paires à 2,98 $, 2 paires de caoutchoucs), 7,16 $; écharpe (manteau long), 2,98 $; jupe (une brillante brillante noire, portée deux ans), à 5,50 $, 2,75 $; jupon (satin noir), 98 cents; chemise taille (coton noir, porté tous les jours de l'année), 98 cents ; collants noirs, 98 cents ; 2 poursuites syndicales à 1,25 $ (une tous les deux ans), 1,25 $; 6 paires de bas à 25 cents, 1,50 $; total, 23,56 $.

Elle a déclaré avec dépréciation qu'elle allait parfois au théâtre avec des jeunes amies, payant 25 centimes pour une place, "parce que j'aime passer un bon moment de temps en temps".

Ces fortunes commerciales représentent aussi clairement que possible l'expérience industrielle habituelle des ouvrières non qualifiées qui rendaient compte de leurs revenus et de leurs dépenses dans leur travail hors de chez elles à New York.

II

Les chroniques imprimées ci-dessous, tirées d'établissements de différentes sortes et qualités, expriment aussi clairement que possible les divers traits les plus communs aux fortunes commerciales décrites par les ouvriers : emploi incertain et saisonnier, petites exploitations, monotonie dans l'occupation et fatigue due aux excès de vitesse.

En raison de l'emploi incertain et saisonnier, les opérateurs de machines dans les industries de couture de New York changent fréquemment d'un métier à l'autre. C'est ce qu'a vécu Yeddie Bruker, une jeune électroménager hongroise vivant dans le Bronx.

Les immeubles du Bronx semblent aussi peuplés que ceux des quartiers les plus anciens de Manhattan, du Lower East Side, de Harlem, de Chelsea et des rues transversales de Bowery, où vivent tant d'ouvriers d'usine autonomes. Ces logements de construction plus récente ont également des salles étroites et étouffantes et des cours intérieures recouvertes de linge. Ici aussi, on voit, à travers les fenêtres, des fleuristes et des coiffeuses à leur travail ; et dans les entrées, ornées de pancartes hongroises et allemandes, les enfants sont assis entassés parmi de grandes femmes avec de nombreuses bouffées de cheveux et une préférence frappante pour les frêles robes de princesse rose clair et bleues. Ces blocs de quartiers résidentiels roumains et hongrois, avec leurs escaliers de secours garnis de lits de plumes et de vieux tapis, et ressemblant à de grandes poubelles débordantes, sont disséminés parmi de petits rebords abrupts, décharnés de broussailles de noyers, de gros rochers encore intacts , et plusieurs parcelles de maïs indien dans des terrains vides à flanc de colline – petites et étranges hauteurs du vieux pays de New York, encore non submergé par la large marée d'immigration slave et autrichienne.

Dans ce quartier curieux et bizarre, Yeddie Bruker et sa sœur vivaient dans un immeuble crasseux, dans une pièce d'un petit appartement extrêmement propre appartenant à une famille de leur nationalité.

Yeddie était une belle et pleine d'entrain de vingt et un ans, quoique plutôt usée et blanche. Travaillant depuis six ans à New York, elle avait d'abord été ouvrière sur machine dans une grande usine de crayons, où elle attachait aux extrémités des crayons les petites bandes de fer blanc ondulées auxquelles sont attachées les gommes. Elle avait ensuite été couturière de ceintures, puis couturière de cols pour hommes et, ces quatre dernières années, ouvrière en électroménager.

Dans l'usine de crayons de son premier emploi, il y avait un risque constant de se coincer les doigts dans les machines ; l'air était mauvais ; la contremaître était dure et harcelante et pressait constamment les ouvriers. Le tremblement des roues, l'obscurité et les fréquentes maladies des ouvriers dues à l'inhalation des particules de copeaux de bois de crayon et de la poussière de plomb volant dans l'air l'effrayaient et la harcelaient. Elle ne gagnait que 4 dollars par semaine pour neuf heures et demie de travail par jour et s'épuisait lorsqu'elle quittait les lieux, précipitée par l'accident d'une jeune fille près d'elle, qui souffrit d'horribles blessures en s'accrochant les cheveux dans les machines.

Dans l'usine de cols, elle gagnait à nouveau 4 dollars par semaine, cousant entre cinq et six douzaines de cols par jour. Le point sur les cols des hommes est extrêmement petit, presque invisible. Cela lui fatiguait les yeux si douloureusement qu'elle fut obligée de changer de nouveau d'occupation.

En tant qu'opératrice de cravates, puis de ceintures, elle a été mise au chômage à cause des saisons commerciales. Celles-ci la laissent encore inactive, dans son métier actuel d'électroménager, pendant plus de trois mois chaque année.

Au cours des neuf mois restants, travaillant avec une machine à une aiguille sur des jupons et des robes de lavage, dans une petite usine du Lower East Side, elle a eu un emploi pendant environ quatre jours par semaine pendant trois mois, un emploi pendant tous les jours de travail. par semaine pendant trois mois supplémentaires, et un emploi avec heures supplémentaires trois nuits par semaine et une demi-journée occasionnelle le dimanche, pendant deux à trois mois. Les jours fériés et quelques jours de maladie composaient l'année.

En semaines complètes, son salaire est de 8 $. Son revenu pour l'année était de 366 $ et elle n'avait rien pu épargner. Elle avait payé 208 $ pour sa nourriture et son logement, à raison de 4 $ par semaine ; un peu plus de 100 $ pour les vêtements ; 38 $ pour le transport automobile, nécessaire pour vivre dans le Bronx ; 3 $ pour un médecin ; 2,60 $ à une association caritative qui lui assure 3 $ par semaine en cas de maladie ; 5$ pour le théâtre; et 6 $ pour les cotisations syndicales.

Son travail était très épuisant. Il est difficile de réaliser des ébouriffages à la machine uniformément espacés sur les jupons, et elle avait une grande partie de ce travail à faire. Elle cousait avec une machine à une aiguille, qui contenait cependant cinq cotons et était difficile à enfiler. On peut dire ici que le nombre d'aiguilles ne détermine pas nécessairement la difficulté du travail sur les machines à coudre ; Les machines à deux aiguilles sont parfois plus difficiles à faire fonctionner que les machines à cinq ou même douze aiguilles, car elles sont moins chères et maladroites et le matériau est retenu moins fermement par le guide métallique situé sous la pointe de l'aiguille. Ce n'étaient pas ses yeux, disait Yeddie , qui étaient fatigués par la couture, mais ses épaules et son dos, à cause du choc des machines. Chaque mois, elle souffrait cruellement, mais comme elle avait besoin de chaque centime qu'elle gagnait, elle ne restait jamais à la maison lorsque l'usine était ouverte.

L'un des aspects les plus éprouvants de la vitesse des machines, dans les métiers de la couture, est l'aiguillon et l'insistance perpétuelle des contremaîtres et des contremaîtres, fréquemment mentionnés par d'autres ouvriers que Yeddie . Il y a deux ans, dans une usine de tailleurs et de robes où 400 ouvriers – plus de 300 filles et environ 20 hommes – étaient employés pour l'entreprise par un sous-traitant bien connu, Jake Klein, un contremaître a demandé à M. Klein d'assassiner certaines des filles . il a dit qu'il n'était pas disposé à exiger un certain degré de rapidité. Le directeur l'a licencié. Il a demandé à parler aux filles avant de partir. Le gérant a refusé sa demande. Alors que M. Klein se tournait vers les filles, son supérieur a convoqué l'homme de l'ascenseur, qui a saisi le col de Klein, l'a maîtrisé et a commencé à le traîner par terre vers les escaliers. "Frères et sœurs", a appelé Klein aux agents, "voulez-vous vous asseoir et voir un collègue utilisé de cette façon ?" Dans un élan de justice claire, tous les ouvriers se sont levés, sont sortis du magasin avec Jake Klein et sont restés dehors jusqu'à ce que l'entreprise fasse des propositions de paix. Cette aventure, largement relatée dans l'East Side, sert à montrer le feu latent, attisé par l'accumulation de petites oppressions autoritaires, qui couve dans de nombreux ateliers de couture.

L'incertitude de l'emploi qui caractérise les métiers de la couture pesait lourdement sur Sarah Silberman, une délicate petite fille juive autrichienne de dix-sept ans, qui finissait et coupait les manteaux des femmes.

Elle a toujours vécu dans la pauvreté. Elle avait travaillé dans une usine de bas en Autriche quand elle avait neuf ans et était autonome depuis l'âge de quatorze ans, cousant à la machine à Vienne, à Londres et à New York.

Elle était à New York depuis environ un an, logeant, ou plutôt dormant la nuit, dans la cuisine de certains de ses cousins éloignés, pratiquement inconnus. La cuisine ouvrait sur une cheminée et servait non seulement de cuisine, mais aussi de salle à manger et de salon. Pendant les quatre premiers mois après son arrivée, Sarah gagnait environ 5 dollars par semaine, travaillant de neuf heures et demie à dix heures par jour comme finisseur de pantalons pour garçons. Avec ce salaire, elle payait 3 $ par semaine pour son espace de couchage dans la cuisine, ainsi que pour son petit-déjeuner et son dîner. Le déjeuner lui coûtait 7 cents par jour. Elle avait pu acheter si peu de vêtements qu'elle n'en avait tenu aucun compte. Elle faisait sa lessive elle-même et se rendait au travail à pied.

Elle n'avait jamais reçu d'éducation jusqu'à son arrivée en Amérique et elle fréquentait désormais une école du soir qui l'intéressait vivement. Elle vivait ainsi lorsque son usine a fermé ses portes.

Elle a ensuite cherché désespérément un emploi pendant deux semaines et l'a finalement trouvé dans une usine de manteaux. [20] où elle était employée de sept heures et demie du matin jusqu'à six ou sept heures et demie du soir, avec un répit de quelques minutes seulement à midi pour un déjeuner précipité. Son salaire était de 3 dollars par semaine. Travaillant de toutes ses forces, elle ne pouvait pas empêcher le loup d'entrer à la porte et était obligée d'avoir faim à l'heure du déjeuner ou de ne pas payer la totalité du loyer de sa place pour dormir dans la cuisine.

Sarah était tout naturellement dérangée et nerveuse dans cette dureté des circonstances et sa terreur du dénuement. En racontant son histoire, elle sanglotait et se tordait les mains. Au cours des six mois suivants, elle eut un meilleur emploi, cependant, dans des magasins très fréquentés, où les heures étaient plus courtes que dans l'usine de manteaux, et elle parvint à gagner un salaire moyen de 6 dollars par semaine. Elle était alors plus sereine ; elle a dit qu'elle s'en était « bien sortie ».

Cependant, au cours de ses six semaines de meilleur salaire à 6 dollars par semaine, que si peu de gens considéreraient comme « une bonne chose », elle a subi une exploitation particulièrement mesquine.

Elle a postulé dans une usine de sous-vêtements qui fait constamment de la publicité, dans un journal juif de l'East Side, pour recruter des ouvriers. La direction lui a dit qu'elle lui apprendrait à fonctionner si elle travaillait pour eux deux semaines gratuitement et leur donnait un dollar. Elle leur a donné le dollar ; mais le premier jour, comme elle n'a reçu aucune instruction et qu'elle a appris par un autre employé qu'après ses deux semaines de travail pour rien, elle ne serait plus employée, elle est repartie, perdant le dollar qu'elle avait donné à l'entreprise. .

Une autre ouvrière qui était affligée par la saison ennuyeuse et qui avait été témoin d'impositions injustes était Katia Markelov , une jeune opératrice de corsets. C'était une petite fille de dix-neuf ans, d'air grave, très frêle, avec des cheveux noirs et lisses, des manières très raffinées et un sourire très doux. Comme beaucoup d'autres agents, elle portait des lunettes. Katia était une bonne gestionnaire, une étudiante travailleuse et intelligente, une assistante constante à l'école du soir.

Dans l'usine où elle travaillait, elle gagnait environ 10 dollars par semaine en tant qu'ouvrière qualifiée fabriquant un corset entier, après sa coupe et avant sa coupe. Mais elle n'avait que douze semaines complètes de travail dans l'année ; pendant deux mois et demi, elle resta entièrement inactive et pendant les six mois et demi restants, elle travailla de deux à cinq jours par semaine. Son revenu pour l'année était d'environ 346 $.

Katia travaillait avec une machine à une aiguille dans une petite usine à proximité de Lower Broadway. Avant cela, elle avait travaillé comme ouvrière hebdomadaire dans une usine de corsets de la Cinquième Avenue, que l'on pourrait appeler Madame Cora. Peu avant que Katia ne quitte cet établissement, Madame Cora a changé sa base de rémunération du travail hebdomadaire au travail à la pièce. La vitesse des filles a augmenté. Certains des travailleurs les plus rapides qui gagnaient auparavant 10 $ ont pu gagner 12 $. En s'en rendant compte, Madame Cora réduisit leurs salaires, non pas en revenant franchement aux anciennes bases, mais en commençant tout à coup à faire payer aux filles le fil et les aiguilles. Elle leur a fait payer 2 cents pour chaque seringue. Le fil sur une machine à cinq aiguilles, parfois avec deux chas dans chacune des aiguilles, coud très rapidement. Les filles étaient souvent obligées de payer entre un dollar et demi et deux dollars par semaine pour le fil cousu dans les corsets de Madame Cora et pour les aiguilles. Ils se sont rebellés lorsque Madame Cora a refusé de payer elle-même ces matériaux. Parmi les trois cents filles, trente filles ont fait grève, se sont rendues au siège du syndicat et ont demandé à s'organiser. Mais Madame Cora remplissait simplement leur place avec d'autres filles qui voulaient bien lui fournir du fil pour ses corsets et refusaient de les reprendre. Katia ne respectait pas les méthodes de Madame Cora et était partie avant la grève.

Katia dépensait 2,50 $ par semaine pour le petit-déjeuner et le dîner et pour partager une chambre avec une amie sympathique, une autre fille russe, à

Harlem. La pièce était fermée et donnait sur une cheminée, mais elle était calme et plutôt agréable. Elle payait entre 1,25 $ et 1,50 $ pour les déjeuners et, sur les quelques centaines de dollars qui lui restaient, elle avait réussi, en faisant sa propre lessive et en confectionnant sa propre taille, à acheter tous ses vêtements et à dépenser 5 $ en livres et magazines. , 7 $ pour un grand opéra, qu'elle aimait profondément, et 30 $ pour une sortie. Grâce à son intelligence, Katia était moins à la merci des injustes que certaines des filles les moins habiles et les plus jeunes.

Parmi eux, Molly Davousta , une autre jeune utilisatrice de machines, avait du mal à payer un vendeur de billets extorqué, qui l'avait escroquée lors de l'achat d'un billet de bateau à vapeur.

Quand Molly avait treize ans, sa mère et son père, qui avaient cinq enfants plus jeunes, l'avaient envoyée à l'étranger hors de Russie, avec la remarquable intention de la préparer et de leur fournir un foyer dans un autre pays.

Comme Dick Whittington, la petite fille est allée à Londres, non seulement pour chercher sa propre fortune, mais aussi celle de sept autres personnes. Après avoir passé quatre ans à Londres, son père est décédé. Elle et sa sœur cadette suivante, Bertha, travaillant en Russie, sont devenues le seul soutien de la famille ; et maintenant, apprenant que les salaires étaient meilleurs en Amérique, Molly, comme Whittington, fit demi-tour et vint à New York.

Ici, elle a trouvé du travail sur des manteaux pour hommes, avec un salaire variant de 5 $ à 9 $ par semaine. Elle vivait dans une partie d'un immeuble pour un loyer de 3 $ par mois. Pour le souper et les repas du samedi, elle payait 1,50 $ par semaine. Elle achetait d'autres aliments à l'épicerie et dans des chariots, au coût d'environ 2 dollars par semaine. Comme elle faisait sa lessive elle-même et se rendait au travail à pied, elle n'avait pas d'autres dépenses fixes, à l'exception des chaussures. Tous les deux mois, ceux-ci s'usaient en morceaux et elle était obligée d'en acheter de nouveaux ; et, jusqu'à ce qu'elle ait économisé suffisamment pour les payer, elle est partie sans son déjeuner ni son petit-déjeuner en chariot.

Elle a ainsi vécu à New York pendant un an, période pendant laquelle elle a réussi à envoyer 90 $ chez elle, pour les autres.

Sa sœur Bertha, la plus jeune qu'elle, était alors venue à New York et avait obtenu un travail de couture pour un peu moins de 6 dollars par semaine. À eux deux, au cours des six mois suivants, les deux filles ont réussi à acheter un billet de passage de la Russie à New York pour 42 dollars et à envoyer chez elles 30 dollars. Ceci, avec le billet de passage et deux autres billets, qu'ils ont achetés à tempérament auprès d'un revendeur, avec un bénéfice de 20 $ pour lui, a amené tout le reste de la famille dans le port de New York - la mère des filles, leurs trois plus jeunes. des sœurs de quinze, quatorze et huit ans, et un petit frère de sept ans.

Cinq mois plus tard, Molly et Bertha payaient toujours ces billets exorbitants.

À New York, cette sœur de quinze ans a trouvé un emploi dans la confection de rubans pour recouvrir des corsets, gagnant entre 1 et 1,50 dollar par semaine. La jeune fille de quatorze ans apprenait à opérer la taille. La famille de sept personnes vivait dans deux pièces et payait 13,50 $ par mois ; leur nourriture coûte 9 ou 10 dollars par semaine ; les chaussures coûtaient au moins 1 $ par semaine ; les filles fabriquaient la plupart de leurs propres vêtements et payaient à cet effet 1 $ par mois pour une machine à coudre ; et ils donnèrent 1 $ par mois pour l'éducation hébraïque du petit frère.

Molly a été vue au cours d'une grève des fabricants de manteaux. Elle pleurait parce que le loyer de la famille était dû et qu'elle n'avait aucun moyen de le payer. Elle a dit qu'elle souffrait de maux de tête et de dos. Chaque mois, elle perdait une journée de travail à cause de la maladie.

Elle n'avait que dix-neuf ans. En travaillant toutes les heures , elle pouvait gagner un salaire équitable, mais, en raison de la nature incertaine et intermittente du travail, elle ne pouvait pas compter sur un salaire suffisant pour maintenir ne serait-ce qu'un niveau de vie équitable.

Un point à souligner dans le récit de Molly Davousta est le prix des chaussures. Aucun poste de dépense parmi les filles qui travaillent n'est plus suggestif. Le coût des chaussures est incontournable. Une fille peut refaire un vieux chapeau avec un morceau de ruban ou une fleur, ou confectionner une nouvelle robe avec un tissu d'une valeur d'un dollar, mais pour une paire de chaussures mal ajustées et maladroites, elle doit payer au moins 2 dollars ; et à peine les a-t-elle achetées qu'elle doit commencer à lésiner car dans un mois ou six semaines il lui en faudra une autre paire. L'heure ou deux heures de marche quotidienne à travers des rues épaisses, le plus souvent couvertes d'une humidité visqueuse et bourbeuse, dissout littéralement ces chaussures. Bien après que les rues des centres-villes soient sèches et propres, celles des quartiers encombrés présentent la parodie boueuse de la neige de la ville. Les bas à l'intérieur de ces chaussures bon marché, avec leurs doublures usées, s'usent encore plus vite que les chaussures. Il est pratiquement impossible de raccommoder des bas à part se rendre au travail à pied, faire sa taille et faire sa lessive.

Tous les soucis de Molly Davousta , son inquiétude concernant les chaussures et ses appréhensions concernant le travail saisonnier, étaient accrus par sa position de responsabilité familiale.

De la même manière, au cours de son travail saisonnier, les responsabilités familiales pesaient sur Rita Karpovna . C'était une jeune fille de dix-neuf ans, venue en Amérique quelques années auparavant avec son frère aîné, Nikolai. Ensemble, ils devaient gagner leur propre vie et gagner suffisamment d'argent pour élever leur mère veuve, un petit frère et une sœur d'un an ou deux plus jeune que Rita.

Peu après son arrivée, elle a trouvé un emploi dans la finition de gilets pour hommes, à 6 ou 7 dollars par semaine, pour dix heures de travail par jour. Vivant et économisant avec son frère, elle a réussi à envoyer chez elle 4 dollars par mois. À eux deux, Nikolaï et Rita ont amené leur mère et leur petit frère. Mais peu de temps après leur installation commune, leur mère mourut. Ils furent obligés de mettre le petit frère en institution. Ensuite, Nicolas est tombé d'un échafaudage et s'est rendu incapable de fonctionner, de sorte que, après sa guérison partielle, son salaire n'était suffisant que pour son propre entretien, à proximité de son travail.

Rita vivait désormais seule, dépensant 3,50 $ par mois pour une place pour dormir dans un immeuble et 1,25 $ par semaine pour les dîners. Ses déjeuners et petits déjeuners, récupérés n'importe où à l'épicerie ou dans des chariots, s'élevaient, lorsqu'elle travaillait, à environ 12 cents par jour. À d'autres moments, elle se privait souvent des deux repas. Car l'année dernière, son salaire moyen avait été réduit à 4,33 dollars par semaine, suite à plus de quatre mois et demi d'inactivité presque totale. Pendant neuf semaines, elle a eu une journée de travail occasionnelle, et pendant neuf semaines, elle n'a pas travaillé du tout.

Lorsqu'elle travaillait, elle payait 60 cents par semaine pour le transport automobile, 25 cents par mois au syndicat, dont elle était un membre enthousiaste, et 10 cents par mois à une «société d'auto-éducation des femmes». Le syndicat et ce club signifiaient plus pour Rita que les petits déjeuners et les déjeuners dont elle se dispensait, et plus, apparemment, que les vêtements pour lesquels elle n'avait dépensé que 20 $ en un an et demi.

Quelques mois plus tard, Mme Clark apprit que Rita avait résolu nombre de ses difficultés grâce à un mariage heureux et qu'elle pouvait espérer que bon nombre de ses inquiétudes domestiques seraient soulagées.

La principale d'entre elles, l'inquiétude suscitée par la situation de sa sœur cadette, toujours en Russie, avait été renforcée par ses observations du malheur d'une amie, une autre fille, travaillant dans le même magasin - une tragédie racontée ici en raison de sa portée très grave. sur la question du travail saisonnier. La sœur cadette de Rita se trouvait à peu près dans la même situation que cette jeune fille, seule, sans force physique pour son travail et, en fait, si délicate qu'il était douteux que son admission aux États-Unis puisse être assurée, même si Rita pouvait économiser suffisamment. pour son argent de passage. L'amie du magasin, pressée par la morosité de la saison, était enfin devenue la maîtresse d'un homme qui la soutenait jusqu'à la naissance de leur enfant, où il la laissait sans ressources. Les saisons creuses et ennuyeuses dans le travail en usine doivent, bien entendu, exposer les femmes qui dépendent de leur capacité de gain, la plupart d'entre elles jeunes et beaucoup d'entre elles d'une grande beauté, aux plus grands dangers et aux plus grandes tentations. [21] Certains couturiers de fourrures, couturiers et modistes travaillaient particulièrement au gré des saisons, non pas de manière indépendante, mais dans des usines et des ateliers.

Helena Hardman, une Autrichienne couturière de fourrures, n'était employée que vingt semaines par an. Elle cousait à la main des vêtements en fourrure dans un magasin de la Douzième Rue, pour 7 dollars par semaine, travaillant neuf heures par jour, avec un samedi demi-jour férié. L'air et les odeurs du magasin de fourrures étaient très désagréables, mais n'avaient pas affecté sa santé.

Au bout de vingt semaines , elle avait été licenciée et avait cherché du travail pendant dix-sept semaines, sans succès, avant de trouver un emploi comme ouvrière dans une usine de tabliers. Mais ici, dans cette industrie inhabituelle, en travaillant comme ouvrière neuf heures par jour, cinq jours par semaine, et six heures le samedi, elle ne pouvait gagner que 3 ou 4 dollars.

Elle payait 4 $ par semaine pour la pension et une chambre partagée avec une autre fille. Elle avait été obligée de s'endetter auprès de sa logeuse pendant une partie de son long temps d'inactivité, après que ses économies eurent été épuisées.

Pendant cette période , elle n'avait pas pu acheter de vêtements, même si ses dépenses auparavant étaient minimes : un costume, 18 dollars ; un chapeau, 3 $; chaussures, 3 $; tailles, 3 $; et sous-vêtements, 2,50 $. Elle paraissait pourtant très bien, malgré les difficultés et les bas salaires qu'impliquait l'apprentissage d'un métier secondaire.

La saison maussade est surmontée de diverses manières. Quelques filles chanceuses rentrent chez elles et vivent sans frais. Beaucoup vivent en partie aux frais de personnes philanthropiques, dans des logements subventionnés. De cette manière, ils économisent un peu d'argent pour les moments ennuyeux et stockent également plus d'énergie grâce à leur vie plus confortable.

À l'horizon de la modiste, la saison maussade s'annonce noire. Le monde entier veut un nouveau chapeau, l'obtient et ne pense plus aux chapeaux ni aux fabricants de chapeaux. C'est pour cette raison qu'une fabrication et une coupe de chapeaux rapides et fébriles, une perte épuisante d'énergie pour les modistes pendant quelques semaines, est suivie de semaines sans que leur savoir-faire soit sollicité.

Fille après fille, elle a raconté à l'enquêteur que la saison chargée l'avait plus que épuisée, mais que l'inquiétude et la baisse du niveau de vie de la saison maussade étaient pires. Les difficultés sont d'autant plus grandes que la modiste qualifiée a dû consacrer du temps et de l'argent à sa formation.

Beaucoup de ces filles tentent de trouver un travail complémentaire, comme serveuses dans des hôtels d'été ou dans un autre métier. Une grande difficulté ici est le chevauchement des saisons. La serveuse de l'hôtel d'été est nécessaire jusqu'en septembre au moins, mais la modiste doit commencer à travailler en août. Pour obtenir un emploi dans une industrie non saisonnière, il est souvent nécessaire de mentir. Dans chaque nouveau métier, il faut accepter un salaire de débutant.

Regina Siegerson était venue seule, à l'âge de quinze ans, de Russie à New York, où elle vivait depuis sept ans. Le premier hiver fut cruel. Elle subvenait à ses besoins avec 3 dollars par semaine. Elle avait été forcée de vivre dans les appartements les plus misérables avec des gens « ignorants ». Elle avait survécu principalement en mangeant des bananes et avait porté une veste de printemps pendant le froid de l'hiver. Il semblait cependant qu'aucune difficulté ne l'avait jamais empêchée de fréquenter l'école du soir, où sa persévérance l'avait conduite jusqu'en quatrième année du lycée. Elle pensait à l'université au moment de l'entretien. Regina était une révolutionnaire russe et profondément assoiffée de connaissances. Elle parla avec empressement à l'enquêteur de Victor Hugo, Gorki, Tolstoï et Bernard Shaw. Avec non moins d'intérêt, elle a parlé de la fortune commerciale des modistes à New York et de sa propre expérience de l'année dernière . Elle avait travaillé en mai, juin et juillet comme tondeuse, gagnant 11 dollars par semaine de neuf heures par jour, le samedi fermant à cinq heures. En août et septembre et les premières semaines d'octobre, elle n'avait que six semaines de travail, comme confectionneuse dans une usine de chapeaux de prêt-à-porter, située dans le Lower West Side, au-dessus d'une écurie, où elle gagnait 10 $ en une semaine de neuf heures. heures par jour.

Regina et une amie avaient réussi à meubler un appartement de deux pièces avec des commodités très simples, et c'est là qu'elles tenaient la maison. Le loyer était de 10,50 $ par mois ; gaz pour le chauffage et la cuisine, 1,80 $; et de la nourriture pour deux, environ 5 dollars par semaine. Comme Regina faisait sa lessive elle-même, la dépense hebdomadaire pour chacun n'était que de 3,67 $, soit moins que ce que de nombreux locataires paient pour un confort bien moindre.

Le plus grand plaisir que les jeunes filles éprouvaient dans leur petit établissement était l'occasion qu'il leur offrait de recevoir des amies. Avant, il leur était impossible de voir qui que ce soit, sauf dans les salons bondés des autres ou dans la rue.

Regina était fiancée à un jeune étudiant en apothicaire, qu'elle espérait épouser au printemps. Comme elle, il était à New York sans sa famille et il prenait ses repas avec elles dans le petit appartement des deux filles.

Le père de Regina, qui vivait en Russie avec une seconde épouse, lui avait envoyé 100 $ lorsqu'elle lui avait écrit au sujet de son projet de mariage. Ceci, ainsi que les 40 $ environ économisés au cours des six semaines où elle gagnait 10 $, constituaient son fonds de réserve pendant la longue et ennuyeuse saison.

L'enquêteur a revu Regina quelques jours avant Thanksgiving. Elle était toujours sans travail, mais apprenait à la maison à faire de la décoration mécanique sur porcelaine pour le commerce de Noël.

Parmi les modistes, plusieurs filles étudiaient pour acquérir, non seulement une formation dans un métier secondaire, mais la meilleure éducation générale que Frances Ashton, une jeune Américaine de vingt ans, avait obtenue grâce à une meilleure fortune.

Son père, un professionnel, vivait dans une situation confortable. Sans anticiper la nécessité de subvenir à ses propres besoins, elle avait étudié la chapellerie au Pratt Institute pendant six mois. Puis, parce que c'était plutôt une plaisanterie, elle était partie travailler à New York. La majeure partie de son salaire était consacrée à la pension et aux loisirs, son père lui envoyant une allocation pour les vêtements.

Au bout d'un an, sa mort subite l'obligea à vivre de manière plus économique, car son héritage n'était pas important. Les frais d'une attaque de typhoïde un été, et d'une opération l'année suivante, l'ont entièrement consommé.

Au cours de l'année qu'elle a décrite, elle avait été copiste dans l'une des boutiques les plus exclusives de la Cinquième Avenue. La responsable était exceptionnellement prévenante, gardant les filles le plus longtemps possible. Elle pleurait lorsqu'elle était obligée de les renvoyer, car elle comprenait la souffrance et la tentation de cette longue période d'inactivité.

Mais la saison n'avait duré que trois ou trois mois et demi, du 1er février au 15 mai et du 18 août au 4 décembre. Durant les six semaines chargées du printemps et de l'automne, tandis que les commandes s'accumulaient le travail se poursuivait avec une intensité fébrile. La journée de travail durait de huit heures trente à six heures, avec une heure à midi pour le déjeuner. Cependant, de nombreux employés sont restés jusqu'à neuf heures et ont reçu 1 $, en plus de 30 cents en argent pour le souper, pour les heures supplémentaires. Mais à six heures, Frances était si épuisée qu'elle ne pouvait plus rien faire, et elle rentrait toujours chez elle à cette heure-là.

En plus de ses trente semaines dans l'établissement de commande de la Cinquième Avenue, Frances avait deux semaines de travail dans un magasin de vente en gros, où la saison commençait plus tôt ; de sorte qu'elle avait été employée trente-deux semaines par an et inoccupée pendant vingt. Elle travaillait à la pièce et gagnait entre 8 et 14 dollars par semaine.

Les vingt semaines d'inactivité avaient été remplies de vaines tentatives continuelles pour trouver quelque chose à faire. L'application dans les grands magasins s'étant révélée inefficace, les publicités ont donc été répondues. Elle disait qu'elle avait perdu tout scrupule à mentir, car, dès qu'on savait qu'elle ne voulait une place que pendant la saison morte, elle n'avait aucune chance.

Frances vivait dans l'un des foyers subventionnés les plus agréables et les plus chers pour filles qui travaillaient, payant la pension et une grande et charmante chambre partagée avec deux autres filles, 4,50 $ par semaine. Même si elle se rendait parfois à pied du travail, les frais de voiture s'élevaient généralement à 50 cents par semaine. Le lavage de deux ensembles de sous-vêtements et d'une taille blanche par semaine coûte 60 cents. Ainsi, pour un degré raisonnable de propreté et de confort, assurés en partie par des personnes philanthropiques, elle dépensait 5,60 $ par semaine, sans compter le coût des vêtements.

Elle s'habillait simplement, même si tout ce qu'elle possédait était de bonne qualité. Elle disait qu'elle ne pouvait rien dépenser pour son plaisir, à cause de son pressentiment constant de la saison maussade et de la nécessité de toujours économiser pour ses semaines d'oisiveté apparemment inévitables. Au moment où elle a rendu son témoignage, elle était extrêmement inquiète car elle ne savait pas comment elle allait payer sa pension pour une semaine supplémentaire.

Pourtant, elle avait une formation et des compétences excellentes, l'avantage de vivre confortablement et d'être bien nourrie, ainsi que l'avantage d'un employeur attentionné, qui faisait de son mieux pour ses travailleurs, dans les circonstances.

Il faut donc dire quelque chose à propos de ces circonstances, de cette précarité généralisée du travail, contre laquelle aucune économie, aucun effort ou aucune prévoyance ne peuvent suffire à remédier de manière adéquate. Là où l'industrie joue le rôle de la sauterelle dans la fable, il est manifestement tout à fait désespéré pour les travailleurs de tenter d'accéder à l'histoire de la fourmi. Parmi les ouvriers des usines, les admirables efforts des tailleurs pour obtenir des salaires plus justes furent, en ce qui concerne le revenu annuel, largement inefficaces, à cause de cet obstacle que constituent les saisons creuses et ennuyeuses, que les employeurs sont aussi impuissants que les employés à prévenir.

Ces chroniques, qui montrent l'effet du travail saisonnier sur la fortune de certains ouvriers et ouvriers autonomes dans les usines et ateliers de New York, ne concernent qu'un secteur de l'industrie américaine, dans lequel, comme tout observateur doit le comprendre, il existe bien d'autres énormes domaines de travail saisonnier. Ces histoires sont néanmoins des exemples clairs et authentiques d'un gaspillage social étrange et généralisé. Ni les organisations professionnelles ni les législations étatiques en faveur de la réduction de la durée du travail ne visent avant tout à une répartition plus générale, régulière et prévoyante du travail entre tous les métiers saisonniers et tous les travailleurs saisonniers. Jusqu'à ce qu'une tentative ciblée et spécifique soit faite pour assurer une telle répartition, il semble impossible que ce besoin saisonnier extrême, dû à l'oisiveté saisonnière, soit combiné à un travail saisonnier épuisant dû aux heures supplémentaires ou à un travail saisonnier épuisant lié aux excès de vitesse, d'une manière apparemment arrangée par la fortune . dévaster l'énergie humaine de la manière la moins intelligente possible.

D'autres effets de la vitesse et de la monotonie dans ce travail ont été décrits par d'autres ouvriers d'usine autonomes dont les chroniques, qui concernent également l'industrie dans les établissements mécaniques, seront placées ci-après.

Photographie de Lewis Hine
« Enquêteur, infatigable, cherchant ce qui n'est pas encore trouvé ; —
Mais où est ce que j'ai commencé il y a si longtemps, et pourquoi est-il
toujours introuvable ? »
—WALT WHITMAN.

NOTES DE BAS DE PAGE :

[19] Voir le Rapport sur la condition des femmes et des enfants salariés aux
États-Unis. Volume II, Prêt-à-porter pour hommes, pages 141-157 ; 160-
165 ; 384-395.

[20] Les revenus et dépenses des autres fabricants de manteaux seront
présentés séparément.

[21] Dans le premier rapport de la New York Probation Association, on déclare que sur 300 filles confiées par les tribunaux au cours de l'année à la charge de Waverley House, 72 avaient été engagées dans des travaux d'usine. Beaucoup d'entre eux avaient été, à un moment ou à un autre, employés comme agents. En interrogeant l'agent de probation, Mlle Stella Miner, qui avait vécu avec eux et connaissait parfaitement leurs histoires, on a appris cependant que presque toutes ces filles s'étaient égarées alors qu'elles étaient petites enfants et avaient été renvoyées par les tribunaux pour la Maison du Bon Pasteur, où ils avaient appris à faire fonctionner des machines et, en quittant leur protection pour se rendre dans les usines, était revenu à leurs anciens modes de vie. On ne peut évidemment pas savoir jusqu'où leurs premières habitudes et expériences ont entraîné ces jeunes filles dans son courant. Il n'en demeure pas moins que le travail en usine, lorsqu'il est saisonnier, doit accroître la tentation par sa pression économique.

CHAPITRE IV

LES REVENUS ET LES DÉPENSES DE CERTAINS OUVRIERS D'USINE DE NEW YORK

[Monotonie et fatigue dans les excès de vitesse]

L'un des effets les plus étranges de l'introduction des machines dans l'industrie est qu'au lieu de libérer les forces humaines et l'initiative des travailleurs des corvées mécaniques, elle a souvent eu tendance à dévitaliser et à détourner ces forces vers les fonctions des machines. [22]

Cet effet stupéfiant et fatiguant du travail mécanique dû à la concentration et à l'intensité de l'application et de l'attention était fréquemment mentionné par les ouvriers d'usine dans leurs récits.

Tina Levin, une jeune fille de dix-huit ans, travaillait depuis deux ans dans une usine de sous-vêtements à New York ; et avant son arrivée en Amérique, six ans dans une usine de sous-vêtements en Russie. Elle était venue de l'étranger chez son fiancé, Ivan Levin, qu'elle avait récemment épousé. Elle travaillait toujours dans l'usine de sous-vêtements, même si elle n'était pas entièrement autonome. Elle et son jeune mari ont rencontré l'Inquirer de la Ligue dans un club d'auto-éducation de filles juives, où ils ont raconté ensemble les années d'autonomie financière de Tina.

Avant son mariage, Tina travaillait dix heures par jour sur une machine pour un fabricant de sous-vêtements de Canal Street. En pleine saison, le magasin faisait souvent des heures supplémentaires jusqu'à 8 heures, deux ou trois soirs par semaine. En outre, beaucoup de filles emportaient chez elles des travaux manuels où elles cousaient jusqu'à onze ou douze heures. Mais Tina était tellement épuisée par sa longue journée qu'elle n'a jamais fait ça. En travaillant aussi dur que possible, elle gagnait 7 $, et parfois 8 $ par semaine, au cours de ces six mois chargés.

Pendant une partie de ce temps , elle vivait à une heure et demie en voiture de l'usine. De sorte qu'en s'habillant et en prenant deux repas dans son logement, lorsqu'elle était à la machine douze heures par jour, elle ne dormait qu'environ six heures.

Au moins la moitié de l'année était si ennuyeuse qu'elle ne pouvait gagner que 3 ou 3,50 dollars par semaine ; et elle était si épuisée que chaque mois, pendant trois ou quatre jours, elle était complètement incapable de travailler. Cette perte avait réduit son revenu de 32 $. Elle avait été obligée de payer 9 dollars pour des médicaments. Son revenu pour l'année était d'environ 262 $. Pour la nourriture et le logement dans un immeuble, elle avait payé 3,50 $ par semaine ; pour le trajet en voiture, 60 cents par semaine ; et elle avait envoyé 5 $ chez elle dans l'année ; et on lui a donné 9 $ pour des médicaments ; 36$ pour le dentiste; et 1 $ par mois à la Jewish Girls' Self-Education Society. Il lui restait moins de 10 $ pour s'habiller pour l'année. Mais son amant l'avait aidée avec de nombreux cadeaux ; et lui avait donné beaucoup de bons moments et de plaisirs, en plus de ceux qu'on pouvait obtenir à la Société d'auto-éducation des filles juives.

Tina avait l'avantage de connaître l'anglais. Ce manque de possibilité d'apprendre la langue du pays dans lequel elle vivait a été regretté de manière poignante par une autre opératrice de machines, Fanny Leysher , une opératrice d'électroménager de vingt et un ans qui vivait en Amérique depuis quatre ans. Elle vivait dans une pièce d'un immeuble près du Bowery, où elle était hébergée et hébergée pour 4 $ par semaine. Elle travaillait dans une usine à distance de marche, gagnant 7 $ par semaine pendant la haute saison.

Fanny était une jolie fille blonde, avec une présence gracieuse, un sourire mélancolique et le charme particulier des Russes blondes aux longs yeux gris. Elle avait cependant l'air douloureusement frêle et blanche. Dans l'usine, elle avait travaillé pendant quatre ans, d'abord au travail à temps, puis aux pièces. Elle pourrait gagner 7 dollars par semaine en cousant de haut en bas les devants et en cousant les ceintures de 108 housses de corset, soit 9 douzaines par jour. C'était tout ce qu'elle pouvait faire. La vitesse incessante et l'attention particulière que cette quantité de couture exigeait la laissaient trop épuisée à six heures pour pouvoir aller à l'école du soir ou apprendre l'anglais. Elle souffrait énormément de maux de tête et de dos.

Fanny travaillait ainsi quarante et une semaines par an. Pendant six semaines, elle a travaillé trois jours par semaine. L'usine a fermé ses portes pendant deux semaines. Depuis trois semaines, elle était malade.

C'était une fille d'une intelligence nerveuse vive, avide de vie et dotée d'un bon sens de la qualité. Lorsqu'elle parlait de son incapacité à aller à l'école du soir en raison de sa fragilité et de sa lassitude, les larmes lui montaient aux yeux. Sa chambre était très bien entretenue et elle avait sur une étagère un roman de Sudermann et un petit livre de vers de Rosenthal. Tout ce qu'elle portait était mis avec soin et avec bon goût. Sa tenue vestimentaire montrait l'adaptabilité la plus rapide et, en termes d'exactitude et de simplicité de ligne et de couleur, elle aurait pu appartenir à un étudiant de première année d'université « avec tous les avantages ». C'était une petite robe en lin bleu de Delft avec un col en piqué blanc et une cravate bleue ample. Elle portait des bas beiges et des chaussures basses roux. Fanny appartenait au Cercle des Travailleurs. Elle a dit qu'elle allait au théâtre aussi souvent qu'elle le pouvait.

Et lorsqu'on lui a demandé quelles pièces elle aimait, elle a répondu avec un enthousiasme et un enthousiasme inoubliables : "Oh, je ne veux que le meilleur. Seulement ce qui me parlera de la vraie vie."

Elle a dit qu'elle avait dépensé trop d'argent pour s'habiller l'année dernière ; mais elle avait pu acheter des vêtements d'une qualité qui, pensait-elle, lui durerait longtemps . La petite montre en or ordinaire de sa liste dont elle avait en partie besoin et en partie à laquelle elle n'avait pas pu résister. L'une des trois robes d'été coûtant 14 dollars était sa robe en lin bleu, pour laquelle elle avait donné 7 dollars. Elle comptait le porter pendant deux étés avec des modifications.

Le costume de l'année dernière a été nettoyé	3 $
Chaussures	11
Chapeau	dix
Robes (1 hiver, 10 $; 3 été , 14 $)	24
Manteau	9
Chapeau de tous les jours	4,50
Mousseline (pour les tailles blanches et les housses de corset faites par elle-même)	5
Parapluie	2
Gants	2
Livre de poche	1
Montre	11
	82,50 $

Même s'il était douloureux, à certains égards, de voir Fanny Leysher , qui n'aimait « que le meilleur », consacrer sa force vitale à coudre 108 housses de corset par jour, elle semblait pourtant moins impuissante que certaines ouvrières encore plus jeunes.

Minna Waldemar, une jeune fille de seize ans, ouvrière dans une usine de parapluies, était aux États-Unis depuis six mois. Pendant cinq mois, elle cousait les coutures et les ourlets des housses de parapluie pour 35 cents le cent. Sa production habituelle était d'environ 200 par jour. En travaillant très vite, elle pouvait en gagner 300 en une journée entière, mais quand elle le faisait, son pouce lui faisait très mal.

Minna payait 3 $ par mois pour dormir dans un immeuble ; 1,75 $ par semaine pour les soupers ; et pour les petits déjeuners et déjeuners, de 15 à 30 centimes par jour.

Elle portait une taille en satin noir, qui coûtait 1 $. Un costume avait coûté 8 dollars ; un chapeau, 3 $; et une paire de chaussures, 2 $. Travaillant le plus dur et le plus vite, elle n'avait pas reçu assez d'argent pour payer ne serait-ce que ces maigres biens et était obligée de se faire aider par son frère, son seul parent à New York.

Chaque ligne de la petite silhouette de Minna semblait surmenée. Cela était également vrai de Sadie, une petite Autrichienne de dix-sept ans, grisâtre et sous-alimentée, venue à New York comme avant-garde de sa famille.

Au cours de la dernière année depuis son arrivée, soit deux ans et demi auparavant, elle avait d'abord travaillé pendant sept mois dans une usine de cravates, où elle gagnait entre 2,50 dollars par semaine, 6 et 7 dollars à la pièce. En deux semaines très chargées, elle avait gagné 9 $ par semaine.

Après la morte-saison, l'usine a fermé ses portes. Cherchant désespérément un moyen de gagner de l'argent, Sadie a trouvé un emploi comme opératrice de robes pour enfants, faisant fonctionner une machine à pied dans un atelier d'immeuble pour 2,50 $ par semaine. Au cours de la deuxième semaine, son salaire a été avancé à 3 dollars et a continué à ce niveau pendant les trois ou quatre mois suivants.

Après cela, la demande de cravates a de nouveau augmenté. Elle était retournée à l'usine de cravates et gagnait 6 dollars par semaine. Ses journées les plus chargées duraient onze heures et les autres neuf heures.

Elle ne dépensait rien pour le plaisir. Elle ne pouvait rien envoyer à sa famille. En deux ans et demi, elle avait acheté un chapeau à 3 dollars et un costume à 12 dollars. Elle allait à l'école du soir, mais était généralement si fatiguée qu'elle ne pouvait vraiment rien apprendre. Elle faisait sa propre lessive et, pour 3 dollars par mois, elle louait un espace pour dormir dans la cuisine d'un immeuble sordide et surpeuplé de l'East Side. C'était le salon de la famille de sa logeuse pauvre ; et elle dut attendre qu'ils le quittent tous, parfois tard dans la nuit, avant de tirer son lit d'un coin obscur et de le jeter par terre pour son sommeil tant désiré. Le dîner avec la propriétaire lui coûtait 20 cents par nuit. Les petits déjeuners et dîners de Sadie dépendaient absolument de ses revenus et de ses autres dépenses. Comme dans les semaines où elle gagnait 3 dollars , elle ne disposait que de 90 cents pour quatorze repas par semaine et ses vêtements, et dans les semaines où elle gagnait 2,50 dollars, seulement

40 cents par semaine pour quatorze repas et ses vêtements, sa santé en déclin est facilement compréhensible. .

L'habitude de Sadie de payer un loyer tout en sortant une palette du coin et en trouvant ou en attendant un endroit où la jeter, comme un petit vagabond, est très caractéristique des immeubles de l'East Side. Elle payait 36 dollars par an pour se loger, et pourtant on peut difficilement dire qu'elle ait reçu pour cette somme un espace défini sous un arbre de toit, honnêtement fourni pour elle comme si elle était la sienne, mais simplement la chance d'obtenir un tel logement lorsqu'elle pourrait.

Si elle avait tenté de trouver un endroit meilleur et moins cher pour dormir, dans un quartier moins encombré de la ville, elle aurait été obligée de payer, outre son loyer, une somme au moins deux fois moins élevée pour le transport. De la même manière, pour cette somme vraiment très importante de 15 ou 20 dollars payée chaque année aux chemins de fer de la ville, elle n'aurait reçu dans leurs wagons aucune place définie, honnêtement fournie comme la sienne, mais simplement une chance d' obtenir un pied-à-terre quand elle le pouvait sur une voiture traversant la ville ou dans le Bronx surélevé pendant les heures de pointe. Les sommes annuelles versées aux constructeurs automobiles par les ouvriers des usines, trop épuisés pour rentrer chez eux à pied, sont très frappantes dans ces budgets. Tina Levin avait payé près de 30 $, soit plus que ce qu'elle avait dépensé pour ses vêtements au cours de l'année. Ces frais de transport et les conditions misérables de transport que la plupart des constructeurs automobiles fournissent aux travailleurs obligés d'utiliser leurs lignes aux heures de pointe sont une difficulté à peine moindre que celle des loyers et des embouteillages à New York, et inséparablement liée à eux.

Anna Flodin , une jeune fille de dix-huit ans, obligée par la maladie de quitter les quartiers encombrés de New York pour le Bronx, n'a tenté de retourner au travail que lorsqu'elle a pu vivre à nouveau à quelques pas de l'usine.

Anna Flodin était une jeune fille pâle et calme, aux cheveux noirs et lisses, et à l'expression sérieuse, presque poignante. Toute sa vie avait été marquée par la pauvreté, une lutte acharnée pour éloigner le loup de la porte. Elle ne parlait pas anglais, même si elle pouvait comprendre un peu.

Pendant la haute saison, elle cousait régulièrement 1 568 mètres de machine à coudre quotidiennement pour attacher des ceintures à des housses de corset bon marché. La contremaître lui a donné dans la journée 28 paquets contenant chacun 28 housses de corset avec les ceintures faufilées jusqu'à la taille et les extrémités libres des ceintures faufilées prêtes à être finies.

Dès qu'Anna ne parvenait pas à compléter ce montant, ou semblait prendre du retard au cours de la journée, la contremaître lui en voulait et menaçait de réduire son salaire.

Anna travaillait ainsi dix heures par jour, pour 6 dollars par semaine. Si elle était en retard de cinq minutes, elle était amarrée pendant une demi-heure. Elle était condamnée à payer pour chaque aiguille qu'elle cassait au rythme rapide qu'elle était obligée de suivre, et la première année, elle était obligée de payer sur son salaire, qui n'était alors que de 5 dollars par semaine, les plusieurs centaines de mètres de fil. elle a intégré la production de l'entreprise de produits blancs.

Afin de réaliser 784 mètres de ceintures par jour – plus de 1 600 mètres de couture, car elle attachait les deux bords de la ceinture – elle était bien sûr obligée de travailler aussi vite qu'elle pouvait faire avancer et guider les ceintures sous l'aiguille. Elle avait des yeux forts. Mais son dos lui faisait mal à force de se pencher pour guider le tissu, et elle souffrait cruellement de douleurs aux épaules.

Il y avait eu dix-sept semaines de ce travail. Ensuite, il y avait eu dix semaines de travail de deux ou trois jours par semaine, où il semblait impossible de gagner de quoi vivre. Puis dix semaines de fermeture de l'usine. Elle a ensuite eu une maladie qui a duré plus de deux mois et qui a débuté quelques semaines après la fermeture de l'usine.

Elle a dit que le médecin lui avait dit que sa maladie était une phtisie et qu'il l'avait guérie. Il ne doit bien sûr pas s'agir d'une consommation ou d'un arrêt dans cet espace de temps. Mais pendant ce temps, elle lui avait payé 28,50 $ et lui avait donné 22,50 $ pour sa nourriture et son logement, chez un oncle dans le Bronx, ainsi que pour son lait et ses œufs.

Presque aussitôt qu'elle a été déclarée capable de recommencer à coudre sept cents ceintures par jour, elle s'est dépêchée de retourner au travail. Mais quelques jours plus tard, les filles s'opposèrent à la pratique de l'entreprise qui leur faisait acheter du fil et restèrent absentes pendant cinq semaines. Au bout de ce temps , ils ont gagné leur point.

Au total, son revenu pour l'année était d'environ 150 $; et la sévérité et la quantité de travail qu'elle avait fourni pour le gagner l'avaient cruellement épuisée.

Elle ne pouvait pas vivre avec ce montant, puisque la nourriture et le logement lui coûtaient à eux seuls 3 $ par semaine, soit 126 $ pour l'année. Elle avait été obligée d'emprunter 50 $ pour son traitement pendant sa maladie ; et elle n'avait pas encore remboursé cette somme. D'ailleurs, sa logeuse lui avait fait confiance pour certaines factures de pension qu'elle n'avait pas encore réglées. Pour les vêtements, elle avait dépensé 26 $. 59,—

une robe pour 7 $; un chapeau pour 2 $; une veste pour 6 $; deux paires de chaussures à 2$; une paire pour 4 $; 36 paires de bas à 10 cents la paire pour 3,60 $; trois tailles à 98 cents chacune pour 2,94 $; et trois sous-vêtements d'hiver pour 1,05 $. Mais elle a déclaré que des sous-vêtements d'hiver de cette qualité ne parvenaient pas à la garder vraiment au chaud.

Le soir, elle était trop fatiguée pour quitter l'immeuble pour aller à l'école du soir ou pour autre chose. Elle faisait sa propre lessive. Pendant un an, son seul plaisir avait été une sortie au théâtre pour 35 centimes.

Anna Flodin vivait dans un immeuble très pauvre près du Bowery ; et elle racontait ses expériences dans son travail, malgré son mutisme et sa difficulté à s'exprimer, avec une sorte d'esprit public et une dignité presque d'ambassadeur, qui était indiciblement touchante.

Cet esprit – une belle liberté de toute conscience personnelle et un intérêt évident à témoigner de la vérité sur le travail, les salaires et la dépense d'énergie des femmes – a été démontré par d'innombrables filles. Personne, en effet, n'a été pressé de fournir des faits qu'il ne souhaitait pas donner ou rechercher, à moins qu'il ne souhaitait contribuer à l'enquête. Mais peut-être parce qu'elle émanait d'une jeunesse si enfermée passée dans une pauvreté inquiétante, la voix de la chronique d'Anna Flodin était particulièrement passionnante.

Elle a raconté son expérience de travail avec une grande clarté, assise dans une petite pièce sombre et propre d'un immeuble, donnant sur une cour intérieure sale et malodorante. Le seul éclaircissement de son visage jeune et grave tout au long de son récit et de nos questions était son sourire lorsqu'elle parlait de sa seule visite au théâtre, et un autre changement d'expression lorsqu'elle parlait des autres filles du magasin, à propos de la grève. à propos du fil. Elle était membre du syndicat. Dans le magasin, il y avait des filles non membres qui étaient prêtes à continuer à acheter indéfiniment le fil de la direction. Anna Flodin dit doucement, avec un air de mépris rapide, qu'elle n'aurait jamais rien à voir avec de telles filles.

Sa vie muette et ses journées mécaniques pouvaient faire comprendre en elle avec toute la sympathie toutes sortes de préjugés et d'aversions irraisonnés.

Elle était très jeune ; et c'était en partie sa jeunesse qui approfondissait tout le sentiment d'oppression muette et d'épuisement que lui imposait sa présence immobile et ses yeux attrayants. On parle beaucoup du danger et de la tristesse de la dissipation chez la jeunesse. On parle trop peu du fait qu'une monotonie enveloppante et une pauvreté d'existence aussi enveloppante que celle d'Anna Flodin se trouvent dans la tristesse de la jeunesse elle-même, aussi cruelle pour les pouls dans son passage engourdi que le sentiment douloureux du naufrage. Toutes les tragédies ne sont pas celles de la violence, mais aussi de l'épuisement et de la famine.

L'épuisement et l'épuisement ressentis après une journée passée à rouler à toute vitesse devant une machine ont été décrits par une autre ouvrière, une jeune fille en bonne santé et d'esprit vif, qui a ensuite trouvé un emploi plus intéressant. Elle a dit que lorsqu'elle travaillait à l'usine, elle rentrait chez elle à pied, sur une distance d'un mile, à neuf heures, après son travail, avec un cousin. La cousine était une autre jeune fille russe intelligente et pleine d'entrain du même âge. Ils avaient cent choses à dire, mais en sortant de l'usine, l'un disait presque toujours à l'autre : « S'il vous plaît, ne me parlez pas en rentrant chez moi. Je suis si fatigué que je peux à peine répondre. Aussitôt après le dîner, ils se couchèrent. Le matin, ils se dépêchaient de prendre le petit-déjeuner pour être à huit heures à l'usine et faire la tournée de la veille.

"Nous allions seulement du lit au travail, et du travail au lit", a déclaré une des filles, "et parfois, si nous restions assis un moment à la maison, nous étions si fatigués que nous ne pouvions pas parler aux autres, et nous Je savais à peine de quoi ils parlaient. Et pourtant, même si nous n'avions rien d'autre pour nous que le lit et la machine, nous ne pouvions pas gagner assez pour subvenir à nos besoins pendant la morte-saison.

Il est significatif de comparer avec le récit de ces ouvriers mal payés, épuisés par les excès de vitesse, la chronique d'une ouvrière qualifiée dans une usine de courroies, Theresa Luther, gagnant 17 dollars par semaine.

C'était une jeune femme protestante germano-américaine de 27 ans, née à New York. Après la mort de son père, elle a immédiatement aidé son frère aîné à supporter le soutien de la famille, aussi facilement que si elle avait été un garçon capable et aventureux. Forte, compétente et pleine d'entrain, Miss Luther était une grande fille blonde, aux yeux bleu foncé et au très beau regard direct.

Son père était sculpteur sur bois, un artiste à l'origine de certains des travaux les plus intéressants de son métier réalisés à New York. Theresa aussi avait de l'adresse avec ses mains. À l'âge de quinze ans, elle entre dans une usine de ceintures en cuir en tant que « tailleuse ». Elle était si rapide qu'elle gagnait presque immédiatement 7 dollars par semaine, un salaire remarquable pour une débutante de quinze ans. Bientôt, elle fut autorisée à plier et à faire ses valises. Peu de temps après, entendant une contremaître se plaindre de l'absence d'opérateurs de machines, elle constata qu'elle pouvait faire fonctionner une machine à coudre chez elle. La contremaître, amusée, la plaça devant la machine. Après cela, elle a cousu des ceintures pendant onze ans, mais pas dans la même usine.

La couture de ceintures en cuir est un travail à la fois lourd et qualifié . Le rang de couture est placé tout au bord de la ceinture. Le moindre écart par rapport à une ligne droite dans le point gâche l'ensemble du travail. Passer la pointe de l'aiguille à travers le cuir est difficile et demande tellement de force que la couture à travers le cuir doublé, nécessitée par la mise de la boucle, ne peut être effectuée que par des hommes. Theresa avait l'habitude de terminer deux grosses ceintures par jour. Elle et d'autres Américains de l'usine étaient mis à rude épreuve par des filles russes, qui pouvaient finir en un jour quatre avec des ceintures très mal cousues, avec des points énormes et des fils lâches. Lorsque la contremaître reprochait à Thérèse de terminer moins de travail que ces filles, elle exprimait librement son mépris pour leurs ceintures négligées. Elle avait une forte fierté artisanale, et il était agréable de voir son mépris instinctif en citant la réponse de la contremaître : "Aucune d'entre elles (les ceintures mal faites) n'est jamais revenue" - comme si leur qualité de vente était le seul test de leur fabrication.

Elle avait quitté l'usine à cause d'une panne complète due à de longues heures de surmenage. En un hiver, elle était passée à la machine soixante et onze heures par semaine pendant dix semaines. Après cette dure expérience, elle eut une longue prostration et fut épuisée, épuisée, dans une sorte de torpeur physique dans laquelle elle ne put rien faire pendant des mois.

Une fois rétablie, elle est entrée dans une autre usine, où les horaires ne sont pas si excessifs, le traitement est équitable et elle occupe désormais un excellent poste de contremaître à 18 dollars par semaine.

Theresa était une jeune fille très sérieuse, lucide, avec de fortes convictions concernant les effets néfastes des horaires excessifs sur les femmes qui travaillent. Au moment où l'audience sur la loi du travail de l'État de New York s'est tenue à Albany au printemps dernier, elle s'est efforcée d'obtenir une pétition, signée par un groupe de travailleuses de New York et remise entre les mains du commissaire du travail Williams, pour aider en obtenant un raccourcissement de leurs horaires légaux actuels. Thérèse avait dépassé les corvées de son métier pour atteindre l'un de ses meilleurs postes grâce à ses capacités extraordinaires. Certains ouvriers qualifiés, comme certains ouvriers d'usine non qualifiés, étaient soutenus dans la monotonie de leur métier actuel par l'espoir de le quitter pour un autre métier.

Alta Semenova , une gantière polonaise de vingt ans, travaillait neuf heures par jour sur une machine pour 7 dollars par semaine et étudiait cinq soirs par semaine dans une école du soir privée, pour laquelle elle payait des frais de scolarité de 4 dollars par mois.

Elle vivait dans une petite chambre avec une petite amie admirée . Chacun payait 4,25 $ de loyer mensuel. Sa nourriture s'élevait à 2,90 dollars par semaine. Elle passa le samedi soir à faire sa lessive. Elle habitait suffisamment près de l'usine pour se rendre au travail à pied en cinq ou dix minutes. Elle payait 25 cents par mois pour ses cotisations syndicales.

Alta travaillait pour des « comptes » pour entrer à l'université ou à Cooper Union. Dans ses moments libres, elle lisait les Russes modernes. Au cours de son année à New York, elle a maîtrisé suffisamment l'anglais pour lire Shakespeare dans l'original. Dans quelques années, elle sera enseignante. Alta était un révolutionnaire russe enthousiaste. Elle avait la passion de l'étudiante et sa tête était pleine de projets pour une vie de travail intellectuel.

Ces chroniques des revenus et des dépenses de certains ouvriers d'usine de New York ont décrit la monotonie et la rapidité du travail sur machine. Les annales des ouvriers des usines de New York présentées ci-dessous décrivent la monotonie et la rapidité du travail manuel.

Yetta Sigurdin , une jeune fille autrichienne de dix-neuf ans, était à New York depuis trois ans et, au cours de la dernière année et demie, avait été employée dans une usine de tabac, un magasin de l'Union, comme rouleuse qualifiée, à la pièce.

Ses heures étaient de huit par jour. En une journée complète, Yetta pouvait rouler 2 200 cigarettes. Son meilleur salaire était donc d'environ 12 dollars par semaine. La moyenne n'était cependant pas supérieure à 8 dollars, car l'usine était inactive depuis quatre semaines et très ennuyeuse depuis cinq mois, bien qu'elle soit occupée pendant les six mois restants.

Yetta avait l'air très robuste et heureuse. Elle semblait à l'aise dans son travail et avec ses revenus, malgré le travail supplémentaire qu'exigeait la lessive de certains de ses propres vêtements et la confection de sa propre taille. Cela était sans aucun doute dû en grande partie à ses horaires de travail sains et raisonnables, et en partie au fait que son travail n'exigeait pas l'intensité de surveillance et d'application qu'exigeait le travail rapide d'une machine. En fait, dans certaines fabriques de tabac de l'Union, les maçons se constituent parfois une somme pour payer un lecteur à l'heure qui leur fait la lecture à haute voix pendant qu'il est au travail.

Yetta payait 3 $ par semaine pour la chambre, le petit-déjeuner et le dîner dans un immeuble. C'était dans un quartier extrêmement pauvre, mais frais, agréable et bien aéré. Ses dîners coûtent environ 1,50 $ par semaine. Elle faisait une partie de sa lessive et une partie était incluse dans les frais de pension. Sa cotisation syndicale était de 15 cents par semaine. Les membres du Syndicat des fabricants de cigarettes paient une cotisation hebdomadaire de 5 cents pour soutenir un sanatorium du Colorado destiné aux travailleurs du tabac tuberculeux. Yetta a contribué à ce sanatorium et a donné une redevance mensuelle de 10 cents pour l'agitation syndicale.

Elle a estimé le coût de ses vêtements à environ 82 $ pour l'année. Un costume d'hiver coûte 14 $; un costume de printemps, 15 $; une robe d'été, 5 $; et une robe d'hiver, 18 $. Six paires de chaussures coûtent 15 $. Elle ne se souvenait pas du reste de ses dépenses vestimentaires. Une partie était destinée aux sous-vêtements et une autre partie au tissu pour les tailles qu'elle avait confectionnées elle-même.

Malgré la monotonie et la rapidité du travail de Yetta, celui-ci n'épuisait pas ses capacités de subsistance, car il n'exigeait ni une application intense ni ne se poursuivait au-delà d'un nombre d'heures raisonnable.

Barbara Cotton, une Américaine de trente-deux ans, ouvrière qualifiée dans une usine d'appareils électriques, était autonome depuis plus de dix-huit ans, passant les neuf dernières années dans son emploi actuel.

Dans l' usine d'électroménager , elle séparait les couches de mica jusqu'à ce qu'il soit divisé en feuilles les plus fines possibles. Elle était payée au nombre qu'elle parvenait à diviser. La répétition constante d'un acte d'une telle précision neuf heures par jour lui avait excessivement fatigué les yeux et l'avait rendue extrêmement nerveuse.

Pendant six mois de ces journées de neuf heures, elle gagnait 8 $ ou 8,50 $ par semaine. Pendant les six autres mois, il n'y avait pas de travail le samedi et elle gagnait environ 7 dollars par semaine. Elle avait une semaine de vacances payées. Elle avait perdu au cours de l'année deux mois de travail pour cause de maladie, en raison de son état délabré. Cependant, dit-elle, cela n'était pas dû à son travail, mais au fait qu'il s'y joignait, en cas d'urgence, le soin des enfants d'une sœur malade.

Miss Cotton appartenait à une société de secours et, du fait de sa propre maladie, elle recevait une allocation de 5 dollars par semaine.

Son revenu pour l'année était d'environ 367 $, soit une moyenne de 7,06 $ par semaine.

Miss Cotton avait essayé de vivre dans des pensions et des chambres meublées, et bien que les dépenses fussent à peu près les mêmes, les lieux étaient bien moins attrayants à tous points de vue que l'hôtel pour travailleuses où elle séjournait au moment de l'entretien.

Pour la moitié d'une pièce un peu plus grande qu'une chambre ordinaire, ainsi que pour les petits déjeuners et les dîners, elle payait 4,50 $ par semaine. Les déjeuners lui coûtaient en outre 1 $ par semaine. Comme elle se trouvait à quelques pas de son travail, elle n'avait d'autre dépense que 35 centimes pour une partie de sa lessive. Le reste, elle l'a fait elle-même.

Elle a acheté très peu de vêtements, car avec les 1,15 $ par semaine qui lui restaient après avoir payé toutes les dépenses nécessaires, elle a généreusement aidé à subvenir aux besoins d'une sœur et d'une nièce malades. Après dix-huit ans de travail dur et régulier – neuf ans de travail qualifié – elle n'avait rien épargné, sauf sous forme de prestations sociales, et elle n'avait aucune perspective d'épargner.

Même si elle était nerveuse et que sa vue était tendue, elle était moins épuisée par son expérience industrielle que Katherine Ryan, une ouvrière irlandaise de quarante-cinq ans, qui coupait et cousait des passementeries depuis six ans dans une usine d'appliqués.

heures et quart de ce travail par jour l'épuisaient. Elle recevait 7 $ par semaine. Ses yeux lui faisaient rapidement défaut à cause de la surveillance étroite qu'elle devait garder sur ses ciseaux pour se prémunir de couper trop loin.

Elle se couchait souvent à huit heures ou huit heures et demie, épuisée par la tâche d'une journée et avide d'être fraîche pour la suivante, car elle était durement pressée par la concurrence des jeunes yeux et des doigts rapides.

Les nouveaux travailleurs se voyaient confier un travail plus fin et plus rentable. Malgré sa fidélité et sa recherche de rapidité, elle a été licenciée deux mois plus tôt au cours de la dernière saison que lors de n'importe quelle année précédente, et de nouvelles aides ont été retenues. Elle pensait que le contremaître avait des préjugés à son égard et ne pouvait naturellement pas comprendre que, du point de vue de l'industrie moderne, elle avait quarante-cinq ans.

Elle payait 3 dollars par semaine pour se nourrir dans un foyer philanthropique, et là, elle était autorisée à rester et à payer sa nourriture et son logement lorsqu'elle n'avait pas d'argent en aidant aux tâches ménagères. Miss Ryan, cependant, s'était épuisée moins vite qu'Elena et Gerda Nakov , deux jeunes Polonaises de trente-trois et vingt-neuf ans, ouvrières habiles en robes d'enfants.

Elena était venue du sud de la Russie pour chercher fortune à l'âge de seize ans. Sa mère et son père étaient morts. Elle avait été éduquée par un oncle, avec qui restait sa sœur cadette, Gerda.

Selon le témoignage du beau-frère d'Elena, le mari au bon cœur d'une sœur mariée vivant à New York, ainsi que selon le témoignage de Gerda, Elena, à seize ans, était une très belle fille. Elle était petite, mais très forte et bien tricotée, avec une couleur fraîche et éclatante, des yeux gris profonds et de lourds cheveux d'or rougeâtre, poussant bas sur son front en une pointe de veuve.

Elena a d'abord trouvé du travail comme rouleuse de cigarettes, gagnant 4 dollars par semaine. Ici, elle a été soumise à une insolence constante et à des propos injurieux de la part du contremaître et des hommes qui travaillaient avec elle. Ses yeux sont devenus noirs de mépris lorsqu'elle a parlé de cette offense. "Oh", s'est-elle exclamée, "je me suis dit : 'Je suis pauvre, mais je ne serai jamais de ma vie assez pauvre pour supporter des choses pareilles.'"

Elle a quitté l'usine de tabac et a trouvé un emploi comme ouvrière en cravates. Ici aussi, elle gagnait 4 dollars, mais la saison devint ennuyeuse et elle entra dans une petite usine, où elle travailla à la confection de robes pour enfants, à la broderie, à la boutonnière, au fagot et à la couture de plumes. Dans ce métier, elle s'est montrée si habile, si fine et si rapide qu'elle pouvait faire en une heure deux fois plus que la plupart des autres filles et femmes de l'usine.

Elle cousait de huit à six heures, avec une demi-heure pour le déjeuner. Elle emportait toujours du travail à la maison et cousait parfois la moitié du dimanche, car ses frais de subsistance consommaient la totalité de ses 4 dollars par semaine. Son estomac lui faisait défaut à cause de l'intensité de son travail et de l'insuffisance de nourriture qu'elle était en mesure d'acheter, et elle avait besoin de tout l'argent supplémentaire qu'elle pouvait gagner pour les factures du médecin et les médicaments.

Elle était maigre, épuisée, usée et pâle lorsque Gerda arriva de Russie, quatre ans après l'arrivée d'Elena. Gerda était une fille forte et attirante, en bonne santé, avec des cheveux noirs bouclés et une jolie couleur.

En entrant dans la même usine qu'Elena, elle devint bientôt presque aussi douée que sa sœur en couture fine, et presque aussi malade. Elle gagnait 3 $ par semaine.

L'usine appartenait à une jeune veuve allemande, Mme Mendell , une personne extrêmement attirante, jolie et habile , apparaissant dans son bureau comme une jeune femme agréable et bien éduquée, et capable de produire les petites robes, casquettes et des dessous de mousseline pour enfants, avec un profit élevé, en versant des salaires extrêmement bas à des couturières immigrées qualifiées. Dans son atelier, Mme Mendell tour à tour terrorisait et flattait les filles. Elle les accélérait constamment. À moins qu'ils n'aient fait autant de travail qu'elle souhaitait en accomplir dans la journée, elle refusait de leur parler. Elle obligeait les plus jeunes filles à mettre ses bottes et à l'habiller lorsqu'elle changeait sa robe de bureau pour les vêtements dans lesquels elle rentrait chez elle en voiture la nuit. Et le matin , elle punissait les filles qui n'avaient pas terminé autant de travail qu'elle le souhaitait pendant la nuit en leur donnant la couture la moins bien payée et la plus dure de l'usine.

Une nuit, elle renvoya Elena et Gerda chez elles avec deux gros paquets d'élastiques pour bébés – des bretelles et des ceintures – à préparer pour être attachés à de longues jupes le lendemain matin. Ils devaient tous être cousus à la plume autour des épaulettes et des bords supérieurs des ceintures, trois boutons cousus et trois boutonnières faites dans chacun. Cela devait être fait pour 2½ cents pièce , soit un quart de douzaine.

Le matin après avoir terminé ce travail, Elena se sentit si nerveuse et si malade lorsqu'elle se rendit à l'usine qu'en rendant à Mme Mendell le paquet et en recevant la pièce de monnaie, elle fondit en larmes. Elle a dit à Mme Mendell qu'elle était malade. Elle ne pouvait pas vivre et travailler comme elle travaillait. Les yeux de Gerda étaient toujours tendus. Leurs salaires doivent être augmentés.

Mme Mendell a répondu avec calme et auto-approbation qu'elle restait elle-même à l'usine toute la journée, mais qu'elle ne se plaignait jamais de cette manière. Cependant, elle a augmenté le salaire d'Elena de 50 centimes.

À cette époque, les deux filles vivaient dans une petite pièce intérieure avec une seule fenêtre, sur une bouche d'aération dans un immeuble de l'East Side. Pour cela, ils payaient 8 dollars par mois. Ce n'était guère plus qu'un placard contenant une chaise, une table et un lit ; et si petite qu'Elena et Gerda pouvaient à peine se faufiler entre leurs maigres meubles. Ils faisaient leur propre lessive, préparaient leur propre petit-déjeuner sur la cuisinière de la propriétaire, préparaient un déjeuner qu'ils emportaient avec eux à l'usine et payaient 20 cents par nuit chacun pour le dîner. Presque tout l'argent qui leur restait, après avoir payé leur logement, leur nourriture et le strict nécessaire pour se vêtir, fut consacré aux médicaments et aux médecins.

Leurs vêtements étaient si pauvres qu'ils avaient honte de sortir le dimanche – alors que tout le monde portait les « plus belles robes » – et restaient assis dans leur chambre toute la journée. Cependant, le soir, ils allaient parfois voir des parents dans le Bronx, et à une de ces occasions, ils eurent une chance des plus étranges. Sur la route surélevée sur laquelle ils se trouvaient, il y eut un accident, une collision. Aucun d'eux n'a été blessé ; mais ils virent la collision et furent cités comme témoins de la route. Elles ont été obligées de passer plusieurs matinées sans confectionner des robes pour enfants, en attendant de pouvoir témoigner devant le tribunal correctionnel, qu'elles ont trouvé très agréable et récréatif. Cependant, après tout, la route a été réglée avec les procureurs avant que les filles ne soient appelées à témoigner, et l'affaire n'a jamais été jugée. Mais le chemin de fer a donné à Elena et Gerda un chèque de 20 dollars pour le temps passé en son nom.

Ils décidèrent alors de déménager dans de meilleurs quartiers. L'usine, en outre, s'était agrandie et s'était installée dans des locaux plus grands, plus loin dans la ville (même si ses ateliers avaient toujours été bien éclairés et aérés), de sorte que les filles étaient obligées de dépenser plus que ce qu'elles pouvaient se permettre pour le transport en voiture. Avec les 20 dollars, ils ont meublé leur chambre à Harlem. Ils se trouvaient dans un quartier sauvage et peu recommandable, dont les filles restaient assez indépendantes. Mais les chambres étaient spacieuses et attrayantes. Ayant désormais leur propre mobilier, ils n'ont payé que 8 dollars par mois pour tout cet espace et ce confort supplémentaires, afin de pouvoir continuer à vivre dans ces logements, mais seulement avec de sérieux efforts et de l'industrie de la part d'Elena. Car le nerf optique de Gerda était maintenant tellement touché par la tension, et elle souffrait tellement d'indigestion, de malaises et de maladies qu'elle ne pouvait pas se rendre à l'usine. Elle gardait la maison et faisait un peu de couture à la maison.

Le salaire d'Elena au cours des six années suivantes, lutte après lutte avec Mme Mendell , fut porté à 7 dollars par semaine après ses treize années de service. Mais elle était presque paniquée, alarmée par sa santé défaillante. Elle était mince et frêle et ne mangeait presque rien à cause d'une gastrite.

Finalement, une femme médecin qu'elle a consultée lui a dit qu'elle devait arrêter de travailler, sinon elle mourrait. Son ventre était presque complètement épuisé. Ce médecin l'envoya à l' hôpital, rendit visite à Gerda et l'envoya également à l'hôpital.

C'était il y a quatre ans. Mais les deux jeunes femmes sont tellement brisées qu'aucun effort de soins médicaux philanthropiques publics ou privés, dans l'État et dans la ville, n'a réussi à leur redonner la santé. Les médecins qui les ont soignés disent que les forces de ces jeunes femmes sont simplement épuisées par ces années de surmenage, de tension et de nourriture pauvre et rare, et qu'elles ne pourront plus jamais être vraiment en bonne santé.

Ils quittent les hôpitaux ou les sanatoriums pour quelques semaines de travail salarié, six au maximum, pour revenir de nouveau malades et incapables de travailler du tout. Leur vie est maintenant en effet un curieux pèlerinage moderne parmi les diverses formes de guérison charitable et les grandes institutions charitables de la communauté qui est tout à fait incapable de leur restituer la force qu'ils ont perdue dans ses industries.

On peut souligner que l'épuisement de ces deux ouvrières a entraîné une perte et une dépense non seulement pour elles-mêmes, mais aussi pour la direction de l'usine, qui a été obligée d'employer à la place d'Elena deux autres brodeuses moins habiles, ainsi que pour les contribuables et les philanthropes de New York qui soutiennent des hôpitaux caritatifs et des maisons de vacances.

Ces chroniques expriment le plus clairement possible, dans l'ordre suivi, la monotonie et la rapidité du travail en usine chez les femmes plus jeunes et plus âgées, les ouvrières et les ouvriers.

Même si l'un des résultats les plus étranges de l'introduction des machines dans l'industrie moderne est qu'au lieu de libérer les forces humaines et l'initiative des travailleurs, elle a souvent eu tendance à dévitaliser et à transformer ces forces en fonctions de machines, ce résultat est pourtant si étrange. que cela ne peut pas paraître inévitable. Les excès de vitesse pendant de longues heures sur les machines, plutôt que le travail sur machine lui-même, semblent être les plus largement responsables de la fatigue décrite par les ouvriers dont l'histoire professionnelle a été racontée. En outre, les excès de vitesse et les longues heures de travail étaient responsables de l'expérience d'épuisement la plus dramatique parmi tous les ouvriers d'usine rencontrés - l'expérience d'Elena et Gerda Nikov , qui n'étaient pas employées à des machines, mais à des travaux manuels si délicats qu'on pourrait, avec plus de précision, les appeler un artisanat.

L'épuisement de ces ouvriers était en partie imputable à leur habitude d'exercer leur métier non seulement pendant les heures d'ouverture de l'usine, mais aussi en dehors de l'usine, à la maison. Au cours de l'année dernière, l'effort le plus constructif jamais entrepris dans ce pays pour abolir le travail à domicile dans les métiers de l'aiguille a été entrepris par les fabricants de manteaux de New York, vers qui nous nous sommes ensuite tournés pour nous rendre compte de leur fortune industrielle.

NOTES DE BAS DE PAGE :

[22] Ces témoignages sont tirés du mémoire sur la loi des dix heures de l'Illinois, préparé par Louis D. Brandeis et Josephine Goldmark.

Enquêtes sur l'état de santé des ouvriers des usines suisses. Dr Fridlion Schuler, inspecteur d'usine suisse, et Dr AE Burckhardt, professeur d'hygiène.

"Au lieu de se lasser du travail personnel, comme dans les premiers stades de l'industrie, c'est aujourd'hui la concentration incessante et tendue de l'observation de la machine, la rapidité nécessaire du mouvement, qui fatiguent l'ouvrier."

Métiers dangereux. Thomas Oliver, MA, MD, FRCP Londres. 1902.

"L'introduction de la vapeur a révolutionné l'industrie... Même si les machines ont, dans un certain sens, allégé le fardeau du travail humain, elles n'ont pas diminué la fatigue de l'homme. Tandis que les machines poursuivent leur course incessante et insensibles à la fatigue, les êtres humains sont conscients, surtout vers la fin de la journée, que la concurrence est inégale, car leurs muscles deviennent fatigués et leur cerveau blasé. Le travail d'usine actuel est trop une compétition de nerfs et de muscles humains sensibles contre du fer insensible.

Quatorzième Congrès international d'hygiène et de démographie, Berlin, septembre 1907. *Fatigue résultant de l'occupation* . Dr Emil Roth, Regierungsrat , Potsdam.

"Avec la division progressive du travail, le travail est devenu de plus en plus mécanique. Une part certaine de l'excès de fatigue et de ses séquelles, notamment la neurasthénie, doit être attribuée à cette monotonie, au manque de spontanéité ou de joie de travailler."

Actes de la première Convention internationale sur les maladies industrielles, Milan , 1906. *Imbécillité et criminalité en relation avec certaines formes de travail* . Professeur Crisafuli .

"Lorsqu'un seul centre cérébral fonctionne, il se fatigue beaucoup plus facilement que si les fonctions étaient assurées alternativement par les différents centres .

« Voilà donc un autre facteur de fatigue due à la *monotonie* du travail, interrompu seulement à de longs intervalles.

"Cette monotonie est la cause déterminante des perturbations locales et met en danger l'organisme tout entier."

CHAPITRE V

LA GRÈVE DES MÉTIERS ET LA BOUTIQUE DE L'UNION PRÉFÉRENTIELLE

Quarante millions de dollars sont investis à New York dans la confection de manteaux, jupes et costumes pour femmes. Ces vêtements sont produits chaque année à New York pour une valeur de cent quatre-vingts millions de dollars. [23]

Entre soixante et soixante-dix mille hommes et femmes organisés de la ville sont employés dans ces industries. Les membres du syndicat constituent quatre-vingt-quinze pour cent des travailleurs occupés dans ce commerce, et environ dix mille de ces membres sont des femmes. [24]

Il semble à première vue étrange de constater que les innombrables domaines des métiers de l'aiguille métropolitains, – industries traditionnellement occupées par les femmes couturières – sont, en fait, bien plus peuplés d'hommes couturiers. Il existe cependant une division du travail, les hommes effectuant pratiquement toute la coupe, la couture à la machine et le repassage, et dans de nombreux cas travaillant à la finition à la main ; les femmes ne coupaient pratiquement jamais, ne cousaient pas à la machine, ni ne repassaient, et travaillaient dans tous les cas à la finition à la main.

Une grève générale impliquant tous ces hommes et femmes du métier de confection de manteaux fut déclarée le 8 juillet 1910. L'industrie avait pendant des années imposé à ses ouvriers et à ses ouvrières de graves difficultés : un salaire non standardisé, le système de sous-traitance, la concurrence. avec du travail à domicile et de longues heures saisonnières.

Le système de sous-traitance a frappé le plus durement les femmes du métier, car la plus grande proportion des finisseurs étaient des femmes et, avant la grève, presque tous les finisseurs étaient employés par un sous-traitant.

Les salaires versés aux finisseurs d'un même atelier, qu'ils soient filles ou hommes, étaient les mêmes. Mais comparés aux coupeurs, aux basters et aux opérateurs, les finisseurs, avant et après la grève, avaient toujours été payés relativement en dessous de ce qu'ils méritaient.

Les salaires ont été abaissés, non seulement à cause des taux non standardisés qui prévalaient dans le système de sous-traitance, mais aussi à cause de la pratique consistant à envoyer les finitions à la main hors des usines et des ateliers pour les faire à la maison. Lorsqu'une enquête a été menée auprès de nombreuses filles autonomes employées comme finisseurs de manteaux, la plupart d'entre elles ont déclaré qu'à la fin de la journée de travail, elles étaient trop épuisées pour rapporter quoi que ce soit de couture à la maison. Mais le travail avait été emporté par diverses filles fortes du métier, par des vieillards et par des jeunes hommes, dans leurs familles.

Parmi les femmes finisseurs de manteaux, Rose Halowitch , une délicate petite fille russe de dix-sept ans, aide dans une usine de manteaux, qui a donné son compte à la Ligue des Consommateurs, a reçu il y a environ deux ans et demi un salaire de 3,50 $ à 6 $ par an. semaine. Durant les semaines chargées, elle travaillait de huit heures du matin à huit heures du soir, avec seulement un arrêt d'une heure pour son déjeuner insuffisant de midi, pour lequel elle ne pouvait se permettre de dépenser que 6 ou 7 centimes.

Parmi les travailleuses à domicile Rhetta Salmonsen , une Russe de quarante ans, mère de quatre enfants, finissait la nuit les manteaux que lui apportait son mari, qui travaillait toute la journée comme opérateur dans une fabrique de manteaux. À eux deux, ils gagneraient entre 12 et 15 dollars pendant les semaines chargées. Au cours de ces semaines, il y avait des occasions où Mme Salmonsen faisait le ménage jusqu'à ce que son mari rentre tard dans la nuit. Après avoir débarrassé son souper et couché les enfants, elle commençait à abattre les coutures à minuit ; et afin de compléter les manteaux qu'il avait apportés avant son retour au magasin le matin, elle cousait jusqu'à ce qu'elle voie la lumière blanche du jour entrer par la fenêtre de l'immeuble, et il était temps pour elle de préparer à nouveau le petit déjeuner. Avec tout ce travail, comme son mari était malade et qu'il y avait eu trois mois de travail ralenti ou d'oisiveté, la famille s'était endettée. Le loyer, la nourriture et les chaussures leur avaient coûté à eux seuls 400 dollars. Cela laissait moins de 100 dollars par an pour tous les autres vêtements et dépenses de six personnes à New York. Face à un tel niveau de vie, les finisseurs de manteaux étaient donc obligés de rivaliser aussi longtemps qu'ils tentaient de proposer des prix inférieurs aux heures et aux prix du travail à domicile.

Parmi les filles les plus fortes qui avaient emporté du travail à la maison, Ermengard Freiburg, une jeune galicienne puissante de vingt-huit ans, qui finissait des manteaux depuis l'âge de onze ans, avait gagné 1 dollar la première semaine et avait rapidement progressé jusqu'à 3 dollars par semaine. Mais ces dernières années, elle n'avait pas emporté de travail chez elle. Elle cousait à la pièce de huit heures du matin à six heures du soir, avec une heure pour le déjeuner et sans travail de nuit ni heures supplémentaires. Elle gagnait entre 20 et 25 dollars par semaine pendant les semaines chargées, où les meilleurs travaux étaient plus nombreux ; et pendant les semaines creuses, 6 et 7 dollars. Ermengard n'avait aucune plainte à formuler concernant sa propre fortune commerciale. Toutes ses préoccupations et conversations portaient sur le nombre de femmes couturières qui manquaient de sa merveilleuse force. Ayant réussi sans éducation, elle était étonnamment dépourvue du sophisme fastidieux de l'autoréférence complaisante caractéristique de nombreuses personnes aux capacités hors du commun. Au cours de l'année écoulée, elle a été licenciée à deux reprises pour avoir organisé les travailleurs des usines de confection de vêtements où elle était employée. Dans le premier établissement, la sous-traitance rendait les conditions de travail trop dures pour la plupart des femmes ; et dans le second, les salaires étaient trop bas pour permettre à la plupart des travailleurs de vivre décemment.

Ces exemples servent à exprimer dans l'industrie et la vie des ouvrières du manteau le système de sous-traitance, les longues heures de travail saisonnières, le travail à domicile et un salaire non standardisé – les caractéristiques discutées dans le commerce du manteau au printemps 1910.

L'ensemble du commerce de confection de manteaux à New York présente, pour un observateur extérieur, l'intérêt kaléidoscopique d'une population non statique. Le coupeur d'une décennie est l'employeur d'une autre décennie. Lors de la grève générale des fabricants de manteaux en 1896, presque tous les fabricants étaient allemands. Lors de la grève de l'été dernier, presque tous les fabricants étaient galiciens et russes.

Cet aspect des métiers de l'aiguille à New York doit être gardé à l'esprit en réalisant les événements de la dernière grève qui ont conduit à l'effort conjoint actuel des fabricants et des ouvriers pour normaliser l'échelle des salaires, réglementer les horaires saisonniers, abolir le système de sous-traitance et travail à domicile et d'établir le magasin syndical préférentiel dans toute l'industrie métropolitaine.

Le Dr Henry Moskowitz, un leader non partisan efficace pour parvenir au règlement de la grève, fut un témoin oculaire et un étudiant de toutes ses crises, et les grandes lignes de son histoire ci-dessous sont principalement tirées de sa chronique et de ses observations.

Entre les fabricants de manteaux et les fabricants de New York, une lutte par de nombreuses grèves durait depuis vingt-cinq ans. Les accords conclus à l'issue de ces grèves n'avaient été que temporaires, car les fabricants de manteaux n'étaient jamais capables de maintenir une Union suffisamment forte pour conserver les points gagnés à l'issue de la lutte. Les fabricants de manteaux s'étaient toujours révélés être des grévistes héroïques, mais de faibles unionistes, manquant de pouvoir soutenu. À maintes reprises, des hommes et des femmes qui avaient été sincèrement prêts à risquer la famine pour que leurs revendications soient justifiées pendant le combat deviendraient en paix indifférents, n'assisteraient pas aux réunions du syndicat, ne paieraient pas leurs cotisations syndicales ; et l'organisation, forte au moment de la défaite grâce au zèle de ses membres, s'affaiblirait par leur négligence aux heures critiques d'un succès mal assuré.

Les principaux participants à cette lutte étaient, d'un côté, les fabricants de manteaux et, de l'autre, les fabricants appartenant à l'Association de protection des fabricants de manteaux et de costumes. La majorité des fabricants de l'association sont des hommes de renom dans le commerce, contrôlant de grands établissements du West Side et fournissant cinquante pour cent de la production de New York, bien qu'ils ne représentent qu'un petit pourcentage des maisons de manteaux de New York. Ces maisons de confection sont au nombre de treize à quatorze cents, la plupart situées dans l'East Side et le Lower West Side, fabriquant des vêtements bon marché et de qualité moyenne. Ces petites maisons avaient souvent brisé les grèves des vingt-cinq dernières années par des accords temporaires dans lesquels elles se révélaient ensuite fausses aux yeux des ouvriers. De nombreux petits commerçants étaient devenus de riches marchands grâce à ces récoltes de grève.

C'est pour cette raison que les fabricants de manteaux se méfiaient naturellement des accords patronaux. D'un autre côté, dans de nombreux cas, lors du règlement d'anciennes grèves, les fabricants de manteaux avaient conclu avec certains marchands des conditions secrètes qui leur permettaient de vendre moins cher que leurs concurrents. C'est pour cette raison que les fabricants sé méfiaient naturellement des accords conclus avec les fabricants de manteaux. Forte de cette suspicion mutuelle, la grève de 1910 débuta en juin dans deux maisons, une East Side et une West Side. Dans la première maison, les ouvriers sont sortis à cause du système de sous-traitance, et dans la seconde, pratiquement à cause du lock-out.

Le 3 juillet, une réunion massive de 10 000 fabricants de manteaux s'est réunie au Madison Square Garden. Il fut décidé que la question d'une grève générale serait soumise au vote des 10 000 syndiqués. Le scrutin s'est poursuivi dans les trois bureaux de vote des trois bureaux du syndicat pendant deux jours consécutifs. Sur ces 10 000, tous, sauf environ 600, votèrent en faveur de la grève, et parmi ces 600, la majorité déclara par la suite qu'eux aussi sympathisaient avec l'action.

L'ampleur des difficultés qui ont conduit à la décision des 10 000 ouvriers rassemblés au Madison Square Garden a été démontrée par le fait que la semaine suivante, une armée de plus de 40 000 hommes et femmes du commerce de l'habillement de New York a rejoint les fabricants de manteaux et de costumes. ' Syndicat.

Ces foules affluaient dans les trois bureaux de l'Union, remplissaient les entrées des bâtiments, les rues devant elles, arrivaient parfois autour du pâté de maisons : grands cortèges de Roumains, de Hongrois, de Polonais, d'Allemands, d'Italiens, de Galiciens et de Russes, les deux dernières nationalités dans le plus grand nombre. de nombreux hommes et femmes chassés d'Europe par la conscription militaire, par la persécution et le pillage, littéralement par le feu et l'épée, des patriarches barbus, des jeunes filles bien habillées avec des copies de Sudermann et de Gorki sous les bras, des femmes châles et perruques avec des enfants accrochés à leurs jupes, de beaux jeunes juifs qui auraient pu servir de modèles pour les publicités des drapiers : coupeurs, presseurs, opérateurs, finisseurs, sous-traitants et sous-sous-traitants ; car ceux-là aussi étaient frappés par tout le reste. En regardant ces couturiers et ces couturières affluer dans le bureau du syndicat de la Dixième Rue, un bureau improvisé à la hâte dans une vieille maison d'habitation dans une grande pièce, évidemment autrefois une chambre à coucher, et encore tapissée d'un délicat dessin de rayures blanches et bleues, et une bordure de guirlandes de boutons de roses – il semblait à un spectateur que presque aucune procession économique n'aurait jamais pu comprendre des éléments aussi catholiques et variés. Qui pourrait diriger un tel organisme ? Comment leur faire connaître, jour après jour, la position de leurs grands adversaires ? En fait, aucun homme ne peut être considéré comme ayant dirigé les 60 000 fabricants de manteaux new-yorkais. En l'absence d'un tel contrôle, le corps des dirigeants syndicaux les plus éminents et leur avocat, Meyer London, et à travers ces hommes, les multitudes de membres de l'Union, étaient pratiquement guidés par un journal yiddish de l'East Side, le *Vorwärts* .

Entre-temps, tandis que ces multitudes affluaient dans l'Union au début de juillet, l'Association des fabricants de manteaux, qui représentait auparavant environ soixante-quinze maisons, avait, en incluant de nombreuses petites entreprises, étendu son adhésion à douze cents établissements. [25]

Peu après la formation de l'alliance, il est devenu évident pour les petites entreprises que les plus grandes n'étaient pas pressées de conclure un accord. Ces derniers estimaient pouvoir battre leurs adversaires par un jeu d'attente ; tandis que les petites entreprises, avec leur moindre capital, à peine plus capables que leurs ouvriers de survivre malgré un assiègement prolongé des fabricants de manteaux, estimaient que la position actuelle des grands fabricants impliqués, non seulement en battant les unionistes, mais en se conduisant eux-mêmes, les plus faibles. fabricants, hors de l'industrie.

Un à un, ils quittèrent l'association, cherchèrent le siège de l'Union et s'installèrent chez les confectionneurs de manteaux. Le profit récolté par ces entreprises qui commençaient à fonctionner en incita d'autres à répondre aux revendications des travailleurs. Fin juillet et la première semaine d'août, six cents petites entreprises, employant au total 20 000 fabricants de manteaux , s'étaient installées. [26] Dans de nombreux cas, les hommes et les femmes sont retournés à leur travail avec des groupes de musique jouant et avec des drapeaux et des banderoles volants.

En juillet, le Conseil national d'arbitrage a tenté à deux reprises, au nom des fabricants de manteaux, d'inciter les fabricants à rencontrer les membres de l'Union et à arbitrer avec eux. Ces tentatives ont échoué parce que l'Union a insisté sur la question du monopole syndical comme essentielle. Les industriels refusent d'arbitrer la question du fermé-atelier.

C'est à ce moment-là qu'un détaillant de Boston à l'esprit civique, M. Lincoln Filene, entra dans la controverse. M. Filene a résolu qu'en tant que gros consommateur, lui et sa classe n'avaient pas le droit de se soustraire à leur responsabilité en acquiesçant passivement aux conditions des ateliers clandestins. En tant qu'intermédiaire entre le grossiste et le public, le détaillant a joué un rôle important dans le conflit, non seulement parce qu'il a souffert directement de la paralysie temporaire de l'industrie, mais aussi parce que son indifférence à l'égard des revendications des travailleurs pour un juste salaire, les conditions sanitaires de l'usine, la suppression du travail à domicile et l'obtention d'une journée de travail décente équivalaient à une complicité active dans la culpabilité du fabricant. Grâce à l'intervention de M. Filene, les fabricants et les responsables du syndicat ont convenu de se concerter et de demander à M. Louis Brandeis de Boston d'agir comme président.

M. Brandeis avait, au départ, la confiance des deux parties. Chaque camp reconnaissait en lui la combinaison d'une vaste culture juridique et d'un sens socio-économique qui avait fait de lui un participant efficace au développement des politiques politiques et industrielles progressistes de la nation. Les employeurs ont accueilli M. Brandeis parce qu'ils avaient confiance en son sens de l'équité. Les fabricants de manteaux l'ont accueilli en raison de ses services brillants et remarquables rendus à l'ensemble du mouvement syndical et aux travailleuses américaines en obtenant de la Cour suprême des États-Unis la décision qui a déclaré constitutionnelle la loi des dix heures pour les ouvrières de blanchisserie de l'Oregon.

La conférence qui devait déterminer la fortune industrielle de plus de 40 000 travailleurs new-yorkais pour l'année suivante s'est ouverte jeudi matin 28 juillet dans une petite salle du Metropolitan Life Building. M. Brandeis occupait le fauteuil. D'un côté d'une longue table étaient assis les dix représentants des confectionneurs de manteaux, parmi lesquels leur avocat, un membre du personnel *du Vorwärts* et le secrétaire du Syndicat international des ouvriers du textile, tous ces trois hommes d'âge moyen, aux visages intellectuels et l'éducation sociologique, profondément identifiée aux idées et aux principes des travailleurs ; trois ou quatre représentants des confectionneurs de manteaux, un peu plus jeunes, alertes et profondément américanisés ; et trois hommes plus âgés, qui avaient combattu tout au long de ce quart de siècle de lutte, des hommes avec le genre d'éducation commerciale que seule une expérience professionnelle peut donner,

profondément imprégnés des traditions de cette lutte, une hostilité envers les
« jaunes », " une méfiance (trop souvent fondée) à l'égard des employeurs et
une croyance inébranlable dans la panacée générale du système fermé - un
sujet qui, d'un commun accord, ne devait pas être discuté lors de la
conférence. Tous ces hommes, à l'exception de leur avocat, M. London,
avaient coupé et cousu sur les bancs de l'industrie du vêtement. De l'autre
côté de la table étaient assis les dix représentants des fabricants, certains
d'entre eux étant des hommes de grande culture et de savoir, versés dans les
philosophies, et des membres éminents de l'Ethical Society, certains d'entre
eux étant des financiers new-yorkais venus de l'East Side en sueur . magasins.
L'opposant le plus acharné à l'atelier fermé dans leur corps était peut-être un
jeune fabricant cosmopolite, un linguiste et un homme « littéraire », intéressé
par le « style » à tous points de vue, qui avait introduit dc l'étranger dans le
commerce new-yorkais un nombre considérable de personnes. des modèles
de manteaux désormais largement portés dans toute l'Amérique. Cet homme
ressentait la plus vive fierté personnelle de son travail. Il aurait dit à un
moment donné : *« Le manteau c'est moi "* Et, aussi bizarre que cela puisse
paraître à un étranger, une de ses raisons vraiment sincères contre
l'acceptation d'ouvriers sur la recommandation du syndicat était que le
fabricant de manteaux, en tant qu'artiste, devait adopter envers ses ouvriers
" l'attitude d'Hammerstein envers son orchestre. " L'un des fabricants avait
été l'un des dirigeants de la grève en 1896. " Votre adversaire le plus acharné
d'il y a quatorze ans est assis du même côté de la table avec vous maintenant
", dit l'un des plus anciens fabricants de manteaux, d'une voix grave et
intense, alors que les hommes prirent place.

M. Brandeis a ouvert la conférence avec ces mots : « Messieurs, nous nous
sommes réunis dans une affaire dont nous devons tous reconnaître qu'elle
est une affaire très sérieuse et importante – non seulement pour mettre un
terme à cette grève, mais pour créer une relation qui empêchera de
semblables grèves à l'avenir. Il me semble que ce travail est abordé dans un
esprit qui rend la situation très encourageante et, j'en suis sûr, d'après mes
conférences avec les avocats des deux parties [27] et avec les membres
individuels qu'ils représentent, que ceux qui sont ici sont tous ici avec ce désir.

Jusqu'à un certain point au cours de la conférence, qui a duré trois jours, cela
a semblé être vrai. Les fabricants ont accepté d'abolir le travail à domicile ,
d'abolir la sous-traitance, d'accorder une demi-congé hebdomadaire, en
dehors du sabbat juif, en juin, juillet et août, et de limiter les heures
supplémentaires à deux heures et demie par jour pendant la haute saison. ,
sans travail autorisé après huit heures et demie du soir ou avant huit heures
du matin. Au-delà, la question des horaires était laissée à l'arbitrage. La
question des salaires était également laissée à l'arbitrage.

Le dernier sujet abordé lors de la conférence Brandeis était la méthode générale de mise en œuvre des accords entre l'Association des constructeurs et l'Union. C'est au cours de cette discussion que la question de l'atelier fermé et de l'atelier ouvert a été abordée lors de la conférence.

Même si les dirigeants syndicaux étaient convenus d'éliminer la discussion sur le système d'atelier fermé avant d'entamer des négociations, il leur était presque impossible de s'empêcher de le suggérer comme moyen de faire respecter les accords. Comme l'a déclaré l'un des fabricants de manteaux, l'un des anciens dirigeants du mouvement ouvrier américain : « Cette organisation de fabricants de manteaux de la ville de New York ne peut que contrôler la situation dans laquelle les travailleurs syndiqués sont employés. la situation dans laquelle des personnes non syndiquées sont employées. Elles ne peuvent imposer aucune règle, ni aucune discipline d'aucune sorte, forme ou description, et si nous devons coopérer d' une manière qui soit absolument efficace, alors le ... Les fabricants L'association, ... il me semble, devrait voir que la première étape nécessaire est qu'elle gère des magasins syndiqués. [28]

L'atelier syndical auquel l'orateur pensait, l'atelier syndical préconisé par le *Vorwärts* et souhaité, comme il s'est avéré, par la majorité des travailleurs, était une affaire différente de l'atelier fermé, qui constitue un monopole commercial en limitant l'adhésion à un groupe. commerce à un certain nombre relativement restreint de travailleurs.

L'institution du magasin fermé est intentionnellement autocratique et exclusive. L'institution du magasin syndical est par intention démocratique et inclusive. Avec l'organisation des fabricants de manteaux, l'entrée dans l'Union était presque une question de forme. Il n'y avait pas de frais d'adhésion ou de cotisation prohibitifs, comme dans d'autres syndicats. Ils ont offert à chaque homme et femme non syndiqués la possibilité de rejoindre leurs rangs.

Les fabricants affirmèrent qu'ils n'avaient aucune objection à l'enrôlement volontaire d'hommes non syndiqués dans les rangs du syndicat ; mais ils n'insisteraient pas pour que tous leurs travailleurs appartiennent au syndicat.

Cette impasse a été atteinte dès le troisième jour de la conférence. A ce stade, M. Brandeis a présenté à la réunion l'opinion selon laquelle "une coopération efficace entre les fabricants et l'Union... impliquerait,... nécessairement, une Union forte". "Je me rends compte", a-t-il déclaré, "après avoir examiné ... les questions générales de l'Union, que dans l'atelier ouvert ordinaire, où cela prévaut, il est très difficile de construire l'Union. J'ai donc senti particulièrement étant donné qu'un si grand nombre de membres du Syndicat des travailleurs du vêtement sont des membres récents, que pour créer un syndicat efficace, il était nécessaire que vous soyez aidés... par les fabricants,... et cette aide pourrait être effectivement... donné en prévoyant que les fabricants devraient, dans l'emploi de la main-d'œuvre, donner désormais la préférence aux hommes syndiqués, où les hommes syndiqués étaient égaux en efficacité à tous les candidats non syndiqués... Cela présentait en gros ce qui semblait pour moi, une base appropriée pour se rassembler... Je pense que si un arrangement tel que celui dont nous avons discuté peut être réalisé, ce sera le plus grand progrès, non seulement que le syndicalisme ait réalisé dans ce pays, mais ce serait l'un des plus grands progrès du syndicalisme. les plus grands progrès qui ont généralement été réalisés dans l'amélioration de la condition de l'ouvrier, pour laquelle le syndicalisme n'est qu'un instrument.

C'était donc la première présentation publique de l'idée du magasin préférentiel. M. Brandeis, à la suite d'une étude approfondie des conflits du travail et d'une riche expérience dans le règlement des grèves, était arrivé à la conclusion que la position des partisans de l'atelier fermé comme de celle de l'atelier ouvert était économiquement et socialement intenable. L'objection inhérente au système d'ateliers fermés, affirme-t-il, est qu'il crée un monopole du travail incontrôlé et irresponsable.

D'un autre côté, ce qu'on appelle l'atelier ouvert, même s'il est mené avec équité et honnêteté de la part de l'employeur, risque d'aboutir à une désintégration du syndicat. Il arrive fréquemment au sein des syndicats que, même après qu'une grève ait été gagnée, les hommes se retirent du syndicat et laissent le fardeau des obligations syndicales à la minorité loyale, qui, affaiblie en nombre, risque non seulement de perdre ce qu'elle a acquis. la grève a gagné, mais une régression par rapport aux normes syndicales qui étaient le résultat des luttes et des sacrifices passés.

Par le régime syndical préférentiel, lorsqu'un employeur s'oblige à préférer les hommes syndiqués aux hommes non syndiqués, un syndicaliste en règle, c'est-à-dire un syndicaliste qui a payé sa cotisation et rempli ses obligations syndicales, est assuré d'un emploi pour une durée limitée . mesure, et les cotisations représentent une prime payée par lui pour un tel emploi.

Il n'a pas été facile d'obtenir l'assentiment des fabricants à cette idée, car M. Brandeis a clairement indiqué que, même si le plan n'obligeait pas les fabricants à contraindre les hommes à adhérer à l'Union, il les inscrivait clairement en faveur de un syndicat, et les obligeait à ne rien faire, directement ou indirectement, qui puisse nuire à l'Union, et à faire positivement tout ce qui était en leur pouvoir, en dehors de la coercition, pour renforcer l'Union.

Dans son appel aux représentants syndicaux, M. Brandeis a fait référence à l'histoire du Cloak Makers' Union comme une illustration révélatrice de la futilité de leur politique passée. Il a souligné que l'adhésion au syndicat pendant une grève ne constituait pas un test de sa force : la solidité d'un syndicat reposait sur son adhésion en temps de paix. N'étaient-ils pas fondés à supposer que ce qui s'était produit dans le passé de l'Union des Fabricants de Manteaux se produirait à l'avenir et que le nombre de ses membres se réduirait à un petit nombre de fidèles ? Comment renforcer durablement leur organisation ?

La confection de manteaux, en tant que commerce saisonnier, offrait un bon terrain pour prouver l'efficacité du plan préférentiel, car pendant la morte-saison, les fabricants devaient, selon ses termes, préférer les hommes de l'Union. La situation industrielle a mis à l'épreuve cette bonne foi. Les dirigeants syndicaux pourraient alors effectivement montrer aux travailleurs non syndiqués l'avantage de l'adhésion syndicale.

La formation finale de l'atelier syndical préférentiel, telle que présentée aux deux parties par M. Brandeis, M. London et M. Cohen, lors de la conférence de Brandeis, était la suivante : « Les fabricants peuvent et vont déclarer en termes appropriés leur sympathie pour l'Union. , leur désir d'aider et de renforcer l'Union, et leur accord selon lequel, entre les hommes syndiqués et non syndiqués ayant la même capacité à accomplir le travail, les hommes syndiqués auront la préférence.

Les fabricants étaient prêts à conclure cet accord. Mais les représentants de l'Union l'ont accueilli avec une méfiance naturelle nourrie par des années d'oppression. "L'homme qui nous a écrasés année après année peut-il soudainement être retenu par un sentiment pour l'organisation qu'il combat depuis un quart de siècle ?" ils ont demandé. « Entre les hommes syndiqués et non syndiqués, donnera-t-il franchement la préférence aux hommes syndiqués de capacité égale ? Ne préférera-t-il pas, puisque la question de la capacité est une question de jugement personnel et est laissée à son jugement, préférer les hommes non syndiqués ? homme, et justifier sa préférence en prétendant , dans chaque cas, qu'il considère la compétence de l'homme non syndiqué comme supérieure ?"

Néanmoins, une majorité des dirigeants des fabricants de manteaux étaient prêts à essayer le plan... Une minorité refusa. Cette minorité était influencée en partie par sa certitude que les 40 000 fabricants de manteaux n'accepteraient jamais un accord basé sur l'idée du magasin préférentiel de l'Union, et en partie par sa méfiance totale à l'égard de la bonne volonté des fabricants. La minorité était fiable et puissante. Il a gagné. La conférence est rompue.

Le *Vorwärts* a publié une déclaration selon laquelle le magasin préférentiel était le « magasin ouvert avec du miel ». La nouvelle de la conférence de Brandeis parvint aux fabricants de manteaux par les bulletins de ce journal ; et pendant son déroulement et après sa fermeture, des foules frénétiques se tenaient devant le bureau du Lower East Side, attendant ces bulletins, avides de la victoire de l'atelier fermé, la panacée à tous les maux industriels.

Après la décision des dirigeants, après la rupture de la conférence, les fabricants de manteaux qui s'étaient installés ont donné quinze pour cent de leur salaire pour soutenir ceux qui se distinguaient par l'atelier fermé, et se sont portés volontaires pour donner cinquante pour cent. Le *Vorwärts* était en tête d'une liste de souscription avec 2 000 dollars pour les grévistes et a collecté 50 000 dollars. Un tollé pour la boutique fermée a éclaté. Des jeunes garçons, des vieillards barbus et des jeunes femmes sont venus au bureau et ont offert la moitié de leur salaire, les trois quarts de leur salaire. Un garçon a proposé de donner tout son salaire et de vendre des papiers pour gagner sa vie. Chaque jour, le bureau était assiégé par des comités nommés par les hommes et les femmes des magasins installés, demandant de contribuer à la cause plus que le pourcentage déterminé par le syndicat. C'étaient des hommes et des femmes habitués à endurer des épreuves pour un principe, des hommes et des femmes qui avaient combattu en Russie, qui étaient des révolutionnaires, prêts à faire des sacrifices, désireux de faire des sacrifices. Leur foi aveugle a été l'épine dorsale de la grève.

Cette fureur se poursuivait lorsque, dans la troisième semaine d'août, la perte des contrats des fabricants et la stagnation générale des affaires due à l'inactivité de 40 000 hommes et femmes, normalement salariés, incitèrent nombre de banquiers et de commerçants de la région. East Side pour faire pression pour un règlement de la grève. Louis Marshall, un avocat bien connu à New York dans les associations caritatives juives, réunit les avocats des deux parties. Ils rédigèrent un accord dans lequel le syndicat préférentiel apparaissait à nouveau comme la base des opérations futures, formulées comme lors de la conférence de Brandeis.

Le *Vorwärts* a publié avec une profonde inquiétude le résultat de la conférence Marshall. Il a maintenu une attitude neutre. Les éditoriaux exhortaient les lecteurs à considérer l'ensemble du document avec sobriété, à en discuter librement lors des réunions locales et à voter pour eux-mêmes, selon leur propre compréhension, après une mûre conviction sur chaque point.

Des foules immenses se sont rassemblées autour du bureau du *Vorwärts*. Ils ont presque assailli les dirigeants de l'East Side, avec leurs questions volubiles sur le magasin préférentiel de l'Union. Des milliers d'hommes, de femmes et d'enfants ont lancé des supplications, des reproches et des récriminations dans une démonstration personnelle avide qui n'est possible que pour leur race. "Oh, tu ne nous trahirais pas ?" criaient-ils désespérément. "Vous ne voudriez pas nous trahir ? Vous êtes notre espoir."

Imaginez ce que ces jours de doute, de tentative de compréhension, signifiaient pour ces multitudes, ne connaissant d'autre foi industrielle que celle de l'atelier fermé qui leur avait absolument fait défaut, errants venus d'un pays étranger, se tournant sauvagement vers leurs dirigeants, qui ne savaient que leur dire qu'ils doivent déterminer leur propre destin, ils doivent décider par eux-mêmes. Ces dirigeants ont été blâmés à la fois pour leur autocratie et pour ne pas avoir mobilisé, informé et dirigé ces multitudes plus clairement et plus fermement. Leurs critiques n'ont pas réussi à concevoir les histoires économiques et politiques remarquablement diverses de l'énorme rassemblement d'êtres humains engagés dans le commerce des aiguilles à New York.

Quoi qu'il en soit, lorsque les ouvriers et leurs familles se sont rassemblés autour du bureau du *Vorwärts* et ont demandé aux dirigeants s'ils les avaient trahis, Schlesinger, le directeur de l'entreprise, et les anciens dirigeants de la grève s'adressaient à eux depuis les fenêtres et disaient au peuple, avec émotion douloureuse : "Vous êtes nos maîtres. Ce que vous déciderez, nous le rapporterons aux avocats de l'association. Ce que vous déciderez sera fait."

La situation de ces hommes était terrible. Eh bien , ils savaient que l'hiver approchait ; que l'atelier fermé ne pouvait pas gagner ; que les ouvriers ne pouvaient pas entendre la vérité sur l'atelier préférentiel de l'Union, et que l'homme qui défendait ouvertement l'atelier préférentiel, aujourd'hui le meilleur espoir de victoire de l'Union, serait traité de traître à l'Union.

Dans une grande anxiété, les réunions se rassemblèrent. Les ouvriers étaient tous arrivés à la même conclusion. Ils ont tous rejeté l'accord Marshall.

Peu de temps après, la vague de loyauté envers l'atelier fermé fut poussée à son paroxysme par l'action du juge Goff, qui, à la suite d'un procès intenté par l'une des sociétés de l'Association des fabricants, rendit une injonction contre un piquet pacifique de la part des grévistes, au motif que le piquetage pour le magasin fermé était une action de conspiration visant à restreindre le commerce, et donc illégale.

Les fabricants étaient naturellement plus méfiants que jamais dans l'East Side. [29] La doctrine de l'atelier fermé est devenue presque rituelle. Début septembre, l'un des défilés de la fête du Travail était dirigé par un vieux juif, à la barbe blanche et aux yeux féroces, un fabricant de manteaux qui ne connaissait pas d'autres mots d'anglais que ceux qu'il prononçait, qui brandissait une banderole violette et criait : à intervalles réguliers : « Boutique fermée ! Boutique fermée ! Cet homme représentait l'esprit de milliers d'immigrants récemment devenus syndicalistes en Amérique. Impossible de dire à un tel homme que l'idée de l'atelier fermé avait été un ennemi de la propagation du syndicalisme dans ce pays par son implication de tyrannie monopolistique.

Impossible, en effet, de dire quoi que ce soit aux unionistes qui répondent à toute juste représentation : « Atelier fermé » ; ou aux employeurs dont la réponse à toute juste représentation est : « Nous ne souhaitons pas que d'autres personnes dirigent notre entreprise ». Cette réponse , la conférence Marshall devait encore l'entendre avant quelques jours. C'était maintenant la première semaine de septembre. Il y avait une grande souffrance parmi les faiseurs de manteaux. Du côté des fabricants, les contrats jusqu'alors toujours remplis par certaines maisons de New York, dans cet arrêt prolongé de leurs usines, furent finalement perdus pour eux et confiés à des établissements dans d'autres centres importants de fabrication de manteaux : Cleveland, Philadelphie, Chicago et même à l' étranger . Deux ou trois grandes maisons syndicales se sont mises d'accord sur des conditions, en termes d'horaires et de salaires, qui étaient satisfaisantes pour toutes les personnes concernées, bien que inférieures aux exigences sur ces points énumérées dans la première lettre des fabricants de manteaux.

Curieusement, les salaires et les heures de travail avaient été laissés à l'arbitrage et n'avaient jamais été examinés de manière approfondie dans l'ensemble de la situation auparavant. Ni les travailleurs ni les employeurs n'avaient clairement indiqué ce qu'ils défendraient réellement sur ces points vitaux. Personne, pas même les personnalités les plus partisanes des deux côtés, n'a supposé que les premières revendications en matière de salaires et d'horaires constituaient un ultimatum. Les débatteurs de la conférence Marshall se sont désormais mis d'accord sur des conditions réalisables sur ces points, [30] Cependant, curieusement, les tarifs du travail aux pièces étaient laissés à l'arbitrage des magasins individuels. Malgré cela, la majorité des travailleurs sont payés à la pièce. Les anciennes clauses de l'accord relatives à la suppression du travail à domicile et de la sous-traitance sont restées pratiquement telles qu'elles étaient auparavant. [31] Quant à l'idée du magasin syndical préférentiel, elle faisait sans doute son chemin. Naturellement, au début, apparaissant aux employés *du Vorwärts* et à de nombreux syndicalistes ardents comme opposé au syndicalisme, il avait maintenant pris un aspect différent. Telle était la formulation finale de l'atelier syndical préférentiel dans l'accord Marshall : « Chaque membre de l'Association des fabricants doit maintenir un atelier syndical, un « atelier syndical » étant entendu comme désignant un atelier où prévalent les normes de l'Union quant aux conditions de travail. , et où, lors de l'embauche d'aide, les hommes syndiqués sont préférés, étant reconnu que, puisqu'il existe des différences de compétences parmi les personnes employées dans le métier, les employeurs auront la liberté de sélection entre un homme syndiqué et un autre, et ne seront pas limités à aucune liste ni tenu de suivre un quelconque ordre prescrit.

"Il est en outre entendu que tous les accords et obligations existants de l'employeur, y compris ceux envers les employés présents, doivent être respectés. Les fabricants déclarent cependant leur foi dans l'Union et que tous ceux qui désirent ses avantages devraient partager ses fardeaux. "

Comme on le verra, cette formulation signifiait que les hommes syndiqués disponibles pour un type particulier de travail dans une usine devaient être recherchés avant tout autre homme. Les mots « non-syndiqués », mots qui suscitent l'antagonisme de l'East Side, ne sont pas évoqués. Mais la question de savoir si la préférence des hommes de l'Union est ou non aussi fortement insistée que dans l'accord de Brandeis reste une question d'opinion ouverte.

Cette formulation a été renvoyée au comité de grève. Elle fut acceptée par le comité de grève et entra en vigueur le 8 septembre.

Le *Vorwärts* a présenté la nouvelle comme une grande victoire de l'Union. Dès le premier bulletin, la nouvelle s'est répandue comme une traînée de poudre dans l'East Side. Des multitudes rassemblées ; hommes, femmes et enfants couraient autour de Rutgers Square, dans le tumulte et la joie. Les ouvriers ont saisi London, l'avocat des syndicalistes, et l'ont porté sur leurs épaules sur la place, et ils l'ont même obligé à se tenir debout sur leurs épaules et à s'adresser à la foule depuis eux. Les gens sanglotaient, pleuraient, riaient et applaudissaient ; et les Italiens catholiques et les Juifs russes, qui auparavant se moquaient les uns des autres en les appelant « dagoes » et « sheenies », se prirent dans les bras et s'appelèrent frère.

Maintenant que les hommes et les femmes sont retournés dans leurs magasins, il reste à toutes les personnes impliquées – les fabricants, les ouvriers, les détaillants et le public intéressé – à évaluer sereinement ce nouvel arrangement. L'achat préférentiel est-il un tissu si délicat qu'il se révèle inutile ? A-t-il un pouvoir durable ? L'accord final s'avérera-t-il enfin une victoire de l'Union ? Les deux parties agiront-elles de bonne foi – les industriels préférant toujours honnêtement les hommes syndiqués, les dirigeants syndicaux maintenant toujours un syndicat démocratique et inclusif, sans autocratie ni exclusion bureaucratique ? Il y aura sans aucun doute des échecs des deux côtés. Mais la grève des fabricants de manteaux à New York est peut-être historique, non seulement pour ses résultats dans l'industrie du manteau, mais aussi pour sa contribution aux problèmes industriels du pays.

Aucun étranger ne peut lire l'énoncé des termes de la préférence des fabricants sans penser qu'un comité mixte aurait dû être créé pour examiner les cas de discrimination injuste présumée contre les travailleurs syndiqués. D'un autre côté, aucun étranger ne peut entendre sans un sentiment d'inquiétude une affirmation telle que celle qui a été faite à l'un des auteurs, à savoir que les briseurs de grève avaient été obligés de payer des frais d'initiation de cent dollars pour entrer dans le syndicat des fabricants de manteaux.

Il faudra sans aucun doute, des deux côtés, de la patience et un long processus éducatif pour changer l'attitude d'hostilité et d'amertume engendrée par plus de vingt ans de fausse politique d'antagonisme. Mais jamais auparavant, dans l'histoire des fabricants de manteaux, les hommes et les femmes n'avaient repris le travail après une grève en gardant la tête aussi haute qu'aujourd'hui. [32] On peut raisonnablement croire que leur lutte de l'été dernier apportera un gain permanent pour l'avenir industriel des travailleurs. Ce récit de la fortune industrielle des confectionneuses de manteaux à New York au cours de l' année dernière est donné pour son exposé des effets de la lutte pour l'atelier syndical préférentiel sur leur histoire commerciale, et pour son récit de leurs gains en tant qu'ouvrières dans le secteur. même métier avec les hommes.

Les gains de ces fabricants de manteaux étaient locaux. Quels gains nationaux les travailleuses américaines ont-elles pu obtenir ? Pour répondre à cette question, nous nous sommes tournés vers les résultats de l'enquête de la Ligue nationale des consommateurs sur le sort des ouvrières des blanchisseries et sa chronique de l'arrêt du Tribunal fédéral sur la durée de leur travail.

NOTES DE BAS DE PAGE :

[23] Déclaration imprimée de l'Association de protection des fabricants de manteaux, de jupes et de costumes, 11 juillet 1910.

[24] Estimation du bureau de Waverly Place du Syndicat international des travailleurs du vêtement féminin, du 26 au 30 novembre.

[25] Pour ce compte rendu de la position des différents fabricants de manteaux, les auteurs souhaitent remercier la gentillesse de Mlle Mary Brown Sumner de l' *Enquête* .

[26] Voici les clauses les plus importantes de ces premiers règlements concernant les travailleuses :

I. Ladite entreprise engage par la présente le Syndicat à effectuer tous les travaux de couture, d'exploitation, de pressage, de finition, de coupe et de boutonnière à effectuer par l'entreprise dans le secteur des manteaux et costumes pendant un an... à compter de la date ; et le Syndicat s'engage à exécuter ledit travail de manière correcte et professionnelle.

II. Pendant la durée du présent accord, les opérateurs seront rémunérés conformément au tarif ci-annexé. Voici l'échelle des salaires des ouvriers de semaine : ... les confectionneurs de jupes, pas moins de 24 $ par semaine ; basters pour jupes, pas moins de 15 $ par semaine ; finisseurs de jupes, pas moins de 12 $ par semaine ; fabricants de boutonnières, pas moins de 1,10 $ par centaine de boutonnières.

III. La semaine de travail comprend quarante-huit heures réparties sur six jours ouvrables.

IV. Aucune heure supplémentaire n'est autorisée entre le quinzième jour de novembre et le quinzième jour de janvier et pendant les mois de juin et juillet. Pendant le reste de l'année, les employés peuvent être tenus de faire des heures supplémentaires, à condition que tous les employés de l'entreprise, ainsi que tous les employés des sous-traitants extérieurs à l'entreprise, soient employés au maximum de la capacité des usines. Aucune heure supplémentaire ne sera autorisée le samedi ni aucun jour pendant plus de deux heures et demie, ni avant 8 heures du matin ni après 20 heures. Pour les heures supplémentaires, les employés recevront le double du salaire habituel. Aucun contrat ou sous-traitance ne sera autorisé par l'entreprise à l'intérieur de son usine, et aucun opérateur ou finisseur ne sera autorisé à avoir plus d'un assistant.

XIII. Aucun travail ne sera confié aux salariés à effectuer à leur domicile.

XV. Seuls les membres des sections locales respectives nommées ci-dessus seront employés par l'entreprise pour effectuer ledit travail.

[27] M. London pour les fabricants de manteaux et M. Cohen pour les fabricants.

[28] Procès-verbal sténographique de la conférence Brandeis.

[29] Cette décision a rencontré la désapprobation, pas seulement dans l'East Side. Le New York *Evening Post* a déclaré: "La décision du juge Goff incarne une loi plutôt étrange et certainement une politique très médiocre. Il n'est pas nécessaire d'être un sympathisant de la politique syndicale, telle qu'elle se révèle aujourd'hui, pour constater que la dernière injonction, si elle était généralement maintenue, elle paralyserait sérieusement les pouvoirs défensifs qui appartiennent légitimement au mouvement syndical. »

Et le *Times* : "C'est la décision la plus forte jamais rendue contre les syndicats."

[30] Ce sont les clauses de l'accord Marshall sur la grille des salaires et la durée du travail qui affectent les travailleuses. Le terme « fabricants d'échantillons » inclut, bien entendu, les fabricants d'échantillons de capes. Les ouvriers hebdomadaires parmi les confectionneurs de manteaux sont principalement les confectionneurs d'échantillons. Mais la plus grande proportion des ouvriers dans les fabriques de vêtements sont des ouvriers aux pièces. Cela explique pourquoi il n'existe pas de barème de salaire hebdomadaire défini pour les travailleurs du manteau en tant que tels. Créateurs d'échantillons, 22 $; échantillons de fabricants de jupes, 22 $; bas de jupe, 14 $; finitions de

jupe, 10 $; faiseurs de boutonnières, classe A, un minimum de 1,20 $ par 100 boutonnières; Classe B un minimum de 80 centimes pour 100 boutonnières.

Quant au travail aux pièces, le prix à payer doit être convenu par un comité composé d'employés de chaque atelier et de leur employeur. Le président dudit comité des prix des salariés agira à titre de représentant des salariés dans leurs relations avec l'employeur.

La durée hebdomadaire du travail sera de 50 heures réparties sur 6 jours ouvrables, soit neuf heures tous les jours, sauf le sixième jour, qui ne comportera que cinq heures.

Aucune heure supplémentaire ne sera permise entre le quinzième jour de novembre et le quinzième jour de janvier, ni pendant les mois de juin et de juillet, sauf sur échantillons.

Aucune heure supplémentaire n'est autorisée le samedi, sauf pour les travailleurs qui ne travaillent pas le samedi, ni aucun jour ou plus de deux heures et demie, ni avant 8 heures du matin, ni après 20 h 30.

Pour les heures supplémentaires effectuées toute la semaine, les travailleurs recevront le double du salaire habituel.

[31] Il n'y a eu pratiquement aucune plainte de la part des travailleurs ou du public concernant les conditions sanitaires des plus grandes maisons. À l'heure actuelle, le règlement de la grève a établi un comité mixte de contrôle sanitaire, composé de trois représentants du public, le Dr WJ Scheffelin , président, Miss Wald de l'établissement des infirmières, et le Dr Henry Moskowitz de la Société d'éthique du centre-ville ; deux représentants des travailleurs, le Dr George Price, inspecteur médical et sanitaire du Département de la Santé de New York, 1895-1904, et M. Schlesinger, directeur commercial du *Vorwärts* ; et deux représentants des fabricants, M. Max Meier et M. Silver. Le travail de ce comité sera de faire respecter des conditions sanitaires uniformes dans tous les magasins, y compris les établissements les plus obscurs et les plus petits.

[32] Cette déclaration est rédigée dans la dernière semaine de septembre 1910.

CHAPITRE VI

FEMMES OUVRIÈRES DE BUANDERIE À NEW YORK

(Cet article est composé des rapports de Miss Carola Woerishofer , Miss Elizabeth Howard Westwood et Miss Mary Alden Hopkins, complétés par un compte rendu de la décision de la Cour suprême fédérale sur la constitutionnalité de la loi de dix heures de l'Oregon pour les blanchisseurs.)

Qu'est-ce que les femmes autonomes vivant loin de chez elles à New York apportent dans leur travail, et qu'en retirent-elles, alors que leur industrie implique une dépense considérable de force musculaire ? Pour répondre à cette question, la Ligue nationale des consommateurs s'est tournée vers les rapports sur le travail des femmes comme repasseuses à la machine et repasseuses à main, ouvrières aux mangles, plieuses et secoueuses de draps et de serviettes dans les blanchisseries à vapeur de New York.

Car, bien que le travail aux machines dans les buanderies soit effectué par des hommes et que tout le travail dans les blanchisseries consiste en grande partie à entretenir des machines, le rôle des femmes dans l'industrie ne peut être accompli que par des femmes particulièrement fortes. [33]

Au cours de l'hiver 1907-1908, la Ligue nationale des consommateurs avait reçu de différentes parties de New York une série de lettres contenant diverses plaintes contre certaines blanchisseries de cette ville – plaintes affirmant que les horaires étaient longs et irréguliers, les salaires injustes, les blanchisseries sales. , et les filles étaient rarement autorisées à s'asseoir, et contenant des appels urgents aux femmes de la Ligue des Consommateurs pour qu'elles aident les ouvrières de blanchisserie.

Après avoir consulté quelques blanchisseuses, la Ligue décida d'obtenir, par une enquête spéciale, un énoncé bien établi des conditions qui servirait de base à la législation de l'État sur les usines en vue d'améliorer les uniformes. Quelques mois auparavant, la constitutionnalité de la législation actuelle de New York, ainsi que de la quasi-totalité de la législation de l'État concernant la durée du travail des femmes adultes dans ce pays, avait été pratiquement déterminée par la décision de la Cour suprême fédérale concernant à la loi des dix heures pour les travailleuses de blanchisserie dans l'Oregon. L'avis de la Cour Suprême Nationale, qui a pratiquement confirmé les lois votées à New York sur les blanchisseries et a rendu réalisables les futures lois pour une réglementation équitable pour les travailleuses, sera rendu après le récit du travail des femmes dans les blanchisseries à New York.

Mlle Carola Woerishofer a mené l'enquête, qui s'est limitée aux blanchisseries à vapeur, les blanchisseries manuelles étant décrites plus favorablement par de nombreuses autorités fiables. Parmi celles-ci, les grandes blanchisseries étaient des blanchisseries commerciales, comme celles que nous fréquentons tous, et des blanchisseries d'hôtels et d'hôpitaux. Les caractéristiques principalement observées dans tous ces établissements étaient l'hygiène, le risque de blessure, ainsi que les salaires et la durée du travail. Pour le compte des blanchisseries des hôpitaux et des hôtels, la Ligue des Consommateurs de la ville de New York s'est adjoint les services de Miss Elizabeth Howard Westwood du Smith College et de Miss Mary Alden Hopkins du Wellesley College. Afin d'enquêter sur les blanchisseries commerciales, Mlle Woerishofer , répondant aux annonces au fur et à mesure qu'elles arrivaient, a travaillé dans des blanchisseries commerciales employées dans presque toutes les branches de l'industrie dans lesquelles les femmes sont engagées dans tout l'arrondissement de Manhattan. Son rapport suit.

je

"Naturellement, la première question qui m'a été posée a été celle de trouver un emploi. Pour cela, je me suis tourné vers la blanchisserie pour des "annonces" de recherche dans les journaux. À ma grande surprise, puisque mon enquête a été menée au cours de l'été, ce qui, curieusement, C'était de loin la saison la plus creuse dans les blanchisseries commerciales de New York, je n'étais jamais sans travail plus d'une journée à la fois, même si je changeais continuellement, par souci d'expérience, en moyenne environ une semaine par endroit.

"Le premier établissement où je suis allé était connu comme une blanchisserie modèle. Il était grand, bien aéré et avait un sol sec. On peut dire que ces conditions sanitaires sont assez typiques. Dans une seule blanchisserie, j'ai trouvé une jeune fille obligée de rester debout dans un endroit humide, même si l'eau débordait parfois dans les quartiers des filles depuis les toilettes où travaillaient les hommes. Dans certaines de ces toilettes, l'eau arrive parfois jusqu'aux chevilles, une condition due uniquement à un mauvais drainage ", car les autres toilettes sont absolument sèches. Quel que soit l'état des salles de travail, les vestiaires des femmes avaient souvent une plomberie insalubre, et étaient vermineux et insalubres. Dans une blanchisserie, l'approvisionnement en eau était contaminé, sentant et goûtant de manière désagréable lorsqu'il venait du robinet, et pire encore après son passage dans la glacière. Les femmes ici gardaient d'abord des bouteilles d'eau gazeuse. Certaines vieilles femmes buvaient de la bière. Mais lors d'une série de journées chaudes, avec des heures de sept heures et demie à midi, et de 13 heures à 22 heures, 10 cents de bière ou d'eau gazeuse par jour ne suffisaient pas à apaiser la soif, et buvaient bientôt une grosse somme avec un salaire de 5 dollars par semaine. Une plainte a été envoyée au Conseil de la Santé. Après près de trois semaines, le Conseil de Santé a répondu que la plainte devait être adressée au Service des Eaux. De la part du Service des Eaux, aucune réponse ne pourrait arriver avant plusieurs semaines. Et pendant ce temps, toutes les ouvrières de la blanchisserie, poussées par une soif intolérable, buvaient l'eau contaminée.

" L'atelier où j'étais employé avait, dans l'ensemble, beaucoup de fenêtres. Celles-ci étaient laissées ouvertes. Mais quand une pièce est grande et pleine de machines, il faut de la lumière artificielle toute la journée, et l'air extérieur n'entre pas. très loin pour chasser la chaleur et l'humidité. En sortant à midi d'une blanchisserie où j'avais trempé toute la matinée des chemises dans de l'amidon chaud à un rythme effréné, je fus frappé par la fraîcheur du jour. Cette nuit-là, je découvris que le thermomètre indiquait 96° à l'ombre. Il faudrait installer quelques ventilateurs dans chaque buanderie, ils pourraient fonctionner grâce à l'énergie qui fait fonctionner les machines.

« Dans la « blanchisserie modèle », j'ai d'abord travaillé sur une machine à laver, en faisant passer des tartinades, des draps et des serviettes entre deux cylindres rotatifs. Ici, j'ai découvert qu'il y avait un risque de glisser trop mes doigts sous les cylindres pendant le processus d'alimentation. Il y avait une protection, bien sûr, une barre métallique flexible située à environ trois quarts de pouce au-dessus du tablier d'alimentation, devant le cylindre. Mais j'ai appris que cela agissait comme un avertissement plutôt que comme une protection. "Une fois que vous avez reçu votre les doigts dedans, vous ne les sortez jamais", répétait à plusieurs reprises Jenny, la fille italienne à côté de moi. Les filles italiennes ont anglicisé leurs noms, et Jenny avait probablement été Giovanna à la maison.

"À la machine à colliers, où j'étais posté après le déjeuner, il y avait une garde adéquate là où les colliers étaient glissés. Cependant, là où ils sortaient, ils devaient être poussés l'un après l'autre rapidement sous le côté le plus éloigné d'un cylindre brûlant. sans protection du tout. Pour éviter de toucher le cylindre avec mon bras dans ce processus, j'ai été obligé soit de le soulever anormalement haut, soit de me tenir sur la pointe des pieds. "Vous ne vous êtes pas brûlé aujourd'hui ni hier", dit Jenny. , "mais vous le ferez certainement un jour. Tout le monde le fait sur cette machine."

"En repassant les cols et les poignets à la machine, il y a un risque constant de brûlures aux mains et aux bras. Dans une machine à repasser les manches, dans un autre endroit, j'ai reçu chaque jour de légères brûlures. Et quand j'ai demandé aux filles si c'était parce que J'étais "vert", ils ont répondu que tout le monde se brûlait à cause de cette machine tout le temps. Chaque brûlure est due à une "insouciance", mais si les filles faisaient attention, elles devraient plutôt concentrer leur esprit sur leur propre protection. du bon accomplissement de leur tâche, et devraient également travailler à une vitesse inférieure à celle exigée par le rendement habituel des blanchisseries. Un danger plus grave que celui des surfaces chaudes et des flammes de gaz légèrement protégées réside dans les courroies et les engrenages non protégés.

" Aux mangles aussi, le danger est grave. Ce que les filles appellent le « travail de millionnaire », le travail qui doit sortir droit, contrairement au « travail de pension », doit être poussé à moins d'un quart de pouce de la distance. le cylindre. Les doigts une fois pris dans de telles mutilations sont écrasés. Considérons, en relation avec ces deux faits, la rapidité avec laquelle les jeunes filles introduisent le travail dans la machine et le caractère précaire de leur tâche se manifestera. Cependant, dans de nombreuses blanchisseries, on utilise de bonnes tringles pour le linge de table et de lit, qui soit comportent une barre fixe devant le premier cylindre, soit ont le premier rouleau, connecté ou non à l'alimentation, fixé à un levier, et construit de manière à supprimer immédiatement la pression du doigt, s'il est glissé en dessous. [34]

" Dans le but d'inspecter les machines, j'ai visité avec différents inspecteurs d'usines, grâce à la courtoisie accordée par le ministère du Travail, toutes, autant que j'ai pu le déterminer, les blanchisseries commerciales à vapeur de l'arrondissement de Manhattan. Sur soixante Après avoir inspecté les blanchisseries, j'ai constaté que vingt-six d'entre elles possédaient soit des courroies, des presses à cols et des amortisseurs de cols, soit non ou insuffisamment protégés, soit des engrenages et des courroies non protégés ou insuffisamment protégés. Dans une blanchisserie visitée lorsque le patron était absent, nous avons conféré avec l'ingénieur au sujet de une mutilation particulièrement grave.

"'A quoi sert cette machine ? Pour couper les mains des filles ?' demanda l'inspecteur.

"Eh bien", dit l'ingénieur, "la dernière fille que nous avions ici était sur le point d'en finir - elle lui a attrapé le bras dans un cordon de tablier et a mis les deux mains sous le rouleau - cela s'est produit il y a plus de deux mois. Les doigts en ont coupé un d'un côté, et tous tordus et inutiles de l'autre.

"Au lieu de faire garder la machine, après cette mutilation, le propriétaire avait employé un homme pour tenter sa chance ici, au lieu d'une fille.

« Les inspecteurs du travail ont ordonné que soient corrigés ces défauts ainsi que tous les défauts illégaux découverts. Mais la législation du travail de New York, aussi excellente soit-elle, ne peut pas être appliquée, avec le nombre actuel d'inspecteurs. Un inspecteur arrivera un jour et découvrira que les règles sont violés; imposera une amende; reviendra la semaine prochaine et découvrira que les règles n'ont pas été violées; retournera nécessairement dans une autre partie du terrain; et après cela, la violation continuera comme s'il ne l'avait jamais observée.

"En outre, il est difficile pour l'inspecteur de découvrir, par l'intermédiaire des employés, des violations des lois de l'État édictées dans leur intérêt, car ils risquent d'être licenciés suite à des plaintes. En plus de ce danger, porter plainte signifie que le plaignant doit saisir les tribunaux, perdant ainsi du temps et de l'argent. Une organisation syndicale serait le seul moyen possible de régler l'affaire. Composée des travailleurs eux-mêmes, elle est toujours présente pour constater les violations et offre aux travailleurs l'avantage de dénoncer les violations. à l'État, non pas en tant qu'individus, mais en tant que corps. L' esprit de coopération présent parmi presque tous les travailleurs de la blanchisserie devrait rendre l'organisation tout à fait possible. [35]

situation nouvelle , je trouvais, en règle générale, de la cordialité et un intérêt amical. À plusieurs reprises, cela s'exprima par cette forme sociale :

"'Dis, tu as un homme ?'

"'Bien sûr. Vous n'en avez pas un ?'

"'Bien sûr.'

"Les filles sont vraiment très gentilles les unes avec les autres, s'entraident dans leur travail et se prêtent du déjeuner et de l'argent.

"Dans un endroit, une femme avec un bébé à charge – un shaker gagnant 4,50 dollars par semaine et lourdement endetté – avait l'habitude d'emprunter chaque semaine quelques centimes chacune à toutes les filles autour d'elle pour payer son loyer. Et les centimes étaient toujours disponibles, bien que les filles n'en eussent guère plus qu'elle, et savaient très bien qu'elles étaient rarement rendues. Il y avait beaucoup de jurons parmi les femmes dans presque toutes les blanchisseries, mais c'était d'un caractère tout à fait bon enfant.

" S'il existait une division naturelle du travail, il y en avait aussi une artificielle, créée pendant les heures de déjeuner. Un sentiment profondément enraciné d'antagonisme et de suspicion existe entre les Irlandais et les Italiens, chaque race se regroupant dans les différents départements en bandes distinctes. .

" Outre cette distinction, il existe un autre clivage social : les hauts salariés se tiennent à l'écart des bas salaires, par snobisme naturel. Dans une blanchisserie, les hauts salariés, même s'ils traitaient souvent les filles à 5 dollars comme des sardines errantes. , gâteaux, etc., avaient l'habitude d'envoyer les jeunes filles à l'épicerie fine pour prendre leur déjeuner, et aussi au salon pour prendre de la bière. Ensuite, la jeune fille devait se dépêcher dans la rue avec son jupon et sa petite trousse de toilette légère. qu'elle portait pour le travail, car ils ne lui laissaient pas le temps de se changer. Pour ce service, la jeune fille recevait 10 cents par semaine de chacune des femmes pour lesquelles elle faisait des courses. Elles ne le faisaient pas - le patron starcher m'expliqua avec une élégance tranquille - pensez à boire de la bière dans le dos du patron, mais ils « ne voulaient tout simplement pas qu'il le sache ».

"Les mêmes difficultés dans l'application de la loi sur les machines protégées dans les blanchisseries existent dans l'application de la loi exigeant que les femmes adultes dans les blanchisseries ne doivent pas travailler plus de soixante heures par semaine. Tout comme dans le cas des machines protégées, ces difficultés pourraient être en partie éliminée grâce à l'organisation commerciale.

"Presque tout le travail de blanchisserie est effectué debout et, les jours chargés, lorsque le travail est régulier, sauf à l'heure du déjeuner, très peu de femmes ont la possibilité de s'asseoir à un moment quelconque de la journée. La principale différence entre le travail de blanchisserie et celui de d'autres usines est dans l'irrégularité des horaires. Un fabricant sait plus ou moins au début de la semaine combien de travail son usine devra faire, et peut généralement répartir les heures supplémentaires, ou embaucher ou licencier des filles supplémentaires, selon ses connaissances. " Le blanchisseur ne peut jamais estimer la quantité de travail à effectuer avant que les paquets de linge ne soient effectivement sur place. Il ne peut jamais dire quand les hôtels, les restaurants, les bateaux à vapeur et toutes les petites blanchisseries " manuelles ", dont il fait la lessive familiale, " Les sèche-linge, et dont il finit les cols, le linge de table et de lit, voudront qu'ils soient lavés. Aussi dur que cela soit pour l'employeur, c'est encore plus dur pour les travailleurs. La petite blanchisserie à la main peut rarement faire attendre les clients plus longtemps que du lundi au samedi. C'est pour cette raison que la blanchisserie à vapeur sera obligée d'exécuter en un ou deux jours tous les travaux de blanchisserie "à la main". J'ai trouvé des blanchisseries à vapeur dans lesquelles aucun travail n'est effectué le lundi ou le samedi, mais pendant la haute saison, l'établissement continue de fonctionner régulièrement les quatre autres jours, de sept heures du matin jusqu'à onze heures et demi du soir. Il est très rare qu'il y ait une compensation pour ces longues heures. Rares sont les blanchisseries qui paient des heures supplémentaires. Parmi eux, certains mettent les filles au chômage proportionnellement pour chaque heure inférieure à soixante heures travaillées par semaine. Aucune blanchisserie dans laquelle je travaillais, sauf une, ne donne de l'argent pour le dîner. Un travailleur à la pièce bénéficie au moins d'un certain avantage pour contrebalancer les longues heures de travail. Mais le travailleur hebdomadaire non seulement n'est pas récompensé pour son travail effectif, mais il est souvent soumis à des dépenses plus élevées.

" Elle ne sait pas quand sa longue journée approche, alors elle doit acheter son souper, alors que le dîner l'attend à la maison. Elle est souvent si fatiguée qu'elle doit dépenser 5 cents pour le trajet en voiture, au lieu de marcher. Sept cents, c'est un moyenne raisonnable dépensée pour le dîner - 2 cents pour le pain et 5 cents pour les saucisses, le fromage ou la viande. Si des heures supplémentaires sont effectuées trois soirs par semaine, la jeune fille perd 36 cents de sa poche - ce qui n'est pas un petit article dans un salaire de 4,50 $ et 5 $ par an. semaine, où chaque centime compte. Souvent aussi, soit elle n'a pas d'argent supplémentaire, soit elle oublie de l'apporter. Elle doit alors partager le déjeuner de quelqu'un d' autre. Les filles sont toujours prêtes à partager, même si leurs propres provisions sont minimes. J'ai vu un morceau de gâteau de 1 cent partagé par quatre filles.

"Il existe deux sortes d'horaires longs : ceux dus à une mauvaise systématisation du travail de blanchisserie, créant de longues attentes entre les lots ; et ceux dus à un travail très pénible. En ce qui concerne le premier type, il faut dire que les amidonniers de chemises, qui sont Les principaux victimes de l'attente du travail, sont les mieux payés et ne s'indignent donc pas autant des heures supplémentaires fréquentes que le sont les travailleurs hebdomadaires. En outre, bien qu'obligés de rester dans la salle de travail, ils sont fréquemment assis pendant tout leur temps d'attente, ce qui dure parfois quatre ou cinq heures. J'ai vu une femme sur le point d'accoucher, qui empesait parfois des chemises jusqu'à deux heures du matin, après être arrivée à la laverie à sept heures et demie la veille.

" L'autre type de longues heures implique une position debout constante et est plus susceptible de se produire dans les blanchisseries où seul le travail de nettoyage est effectué. Ces blanchisseries n'ont pas tendance à travailler tard le soir, mais elles enfreignent plus fréquemment que les autres la loi des soixante heures. Le travail est presque absolument régulier. Les femmes restent debout pendant dix à douze heures, avec seulement une demi-heure ou une heure pour le déjeuner, et travaillent avec une vitesse extrême.

"Si votre travail consiste à enlever les plis des serviettes et des draps, c'est en soi un exercice violent. L'air est chaud et humide parce que vous vous tenez près des machines à laver. Vous êtes pressé à un rythme effréné. Lorsque vous terminez un lot, vous avez rouler de lourds paniers et les jeter sur votre table, puis continuer à trembler encore et encore, seulement pour charger et vider encore plus lourdement. Une fille avait toujours mal à la tête en fin d'après-midi. Après être restée debout dix ou douze heures, il y a Rares sont ceux dont les pieds ou le dos ne font pas mal. L'effet sur les pieds est peut-être le principal motif de plainte. Certains portent simplement des haillons autour de leurs pieds, d'autres mettent de vieilles chaussures ou des pantoufles, qu'ils coupent devant et sur les côtés . Les filles qui repassent les jupes à la machine et celles qui repassent le corps doivent appuyer sur des pédales pour accomplir leur travail, ce qui est généralement plus difficile que de rester immobiles. Un travailleur occasionnel, cependant, éprouve un soulagement. Mais plusieurs que j'ai rencontrés souffraient de graves problèmes internes qui, selon eux, avaient commencé après avoir commencé à faire la lessive. Peu de blanchisseries offrent des congés payés. Certains accordent une demi-journée les jours fériés. Dans d'autres, le "secouement", le "repassage du corps" et tous les travaux pénibles et pénibles du travail de lessive se poursuivent jusqu'au jour de Noël, jusqu'au jour de l'An , jusqu'au 4 juillet, comme à d'autres moments.

"En récompense de ces longues heures debout, le travailleur aux pièces reçoit souvent une rémunération assez élevée financièrement. Mais c'est l'inverse pour le travailleur hebdomadaire. Dans les blanchisseries du centre-ville, où l'échelle des salaires est plus basse, le montant est généralement insuffisant. pour le moindre besoin.

"Le salaire dans les blanchisseries est extrêmement varié. Le salaire de la majorité des femmes avec lesquelles j'ai parlé dans les blanchisseries s'élevait entre 8 dollars et 4,50 dollars par semaine. Mais les salaires variaient des plus hautes instances exceptionnelles dans le travail aux pièces, dans l'amidonnage à la main et dans le repassage à la main. , à 25 $ par semaine, pendant quelques semaines dans l'année, jusqu'à 3 $ par semaine.

"Les salaires élevés impliquaient généralement de longues heures. Par exemple, dans une blanchisserie, de jeunes Américaines entre vingt et trente ans étaient employées comme amidonneuses à la main à la pièce. Elles gagnaient 10 dollars par semaine, lorsque les temps étaient libres, en travaillant une ou deux fois par semaine. , de sept heures du matin jusqu'à onze heures du soir. Dans les périodes de pointe, ils gagnaient parfois 22 $ par semaine en travaillant occasionnellement de sept heures du matin à deux heures du matin le lendemain. [36]

« Bien que des Italiens, des Russes, des Irlandais, des Polonais, des Allemands, des Américains et des Suédois soient employés dans les blanchisseries de New York, la plus grande partie du travail est effectuée par des Irlandais et des Italiens. Les Irlandais reçoivent les prix les plus élevés, les Italiens les prix les plus bas . Le travail le mieux payé, l'amidonnage à la main des chemises et des cols et le repassage à la main, est effectué par des femmes irlandaises, par des femmes de couleur et par des hommes italiens et juifs. Le processus même d'amidonnage à la main peut être appris en moins d'une heure. Dans le travail peut être acquis en une dizaine de jours. D'autre part, apprendre les procédés plus agréables du travail mal payé de l'alimentation et du pliage au mangle - le passage des serviettes et des serviettes dans la machine sans les retourner ni les froisser. bords, le passage des nappes entre les cylindres de telle sorte que l'ouvrage ne ressorte jamais que sous une forme carrée - pour apprendre ces procédés plus agréables, il faut de treize à quinze jours. semble résider uniquement dans la nationalité. Les travaux de déformation sont généralement effectués par des Italiens. Dans deux blanchisseries, j'ai trouvé, travaillant côte à côte avec des filles américaines et irlandaises, des Italiennes qui faisaient exactement le même travail et étaient moins payées, uniquement parce qu'elles étaient italiennes. L'employeur a déclaré qu'il n'avait jamais payé aux Italiens plus de 4 dollars par semaine.

"Dans le travail le mieux payé après l'amidonnage à la main, celui du repassage à la main, qui rapporte entre 8 et 18 dollars par semaine, les Italiennes ne sont pratiquement jamais employées.

"La pire partie du travail mutilé, le tremblement, est effectuée par des jeunes filles et par des femmes âgées incapables de nombreuses nationalités. L'une des filles mal payées, qui avait 4,50 dollars par semaine, a donné 3,50 dollars de pension par semaine à une tante, qui n'a jamais laissez-la retarder le paiement d'un jour. Il ne lui restait que 1 $ par semaine pour toutes les autres dépenses. Cette fille « tenait compagnie » à un débardeur, qui avait jusqu'à 25 $ dans les bonnes semaines. Elle avait été fiancée à lui et avait rompu ses fiançailles parce qu'il buvait – « il était tellement ivre ». Mais quand je l' ai vue , elle était tellement désespérée avec son faible salaire, ses dures heures debout et seulement 5 dollars par semaine devant elle, qu'elle se demandait si elle ne devrait pas ravaler sa terreur bien fondée face à la misère que sa dissipation pourrait avoir. amène-les et épouse-le, après tout.

"Les shakers sont les employés les moins bien payés et ceux qui travaillent le plus dur. Les jeunes filles s'attendent à devenir plieuses et nourricières. Les femmes plus âgées sont des veuves avec des enfants, ou des femmes dont les maris sont malades, sans travail ou incapables d'une manière ou d'une autre. En effet, beaucoup d'entre eux toutes ces blanchisseuses, probablement en plus grande proportion que dans tout autre métier, sont des veuves avec des enfants à charge. « La blanchisserie est le lieu, dit l'une des femmes, pour les femmes dont les maris sont mauvais, malades, ivres ou paresseux. ' Plus le salaire est bas et plus le linge est humide et sombre, plus ces femmes semblent âgées et dans une situation pire.

"Les bas salaires et les longues heures de travail de la grande majorité des travailleuses, la perte progressive de la santé normale de nombreuses vies à cause de la sous-alimentation et de l'effort physique, constituent, à mon avis, le danger le plus grave dans les blanchisseries. La perte d'un doigt, la mutilation d'une main, même la mutilation de la pauvre fille qui a perdu l'usage de ses deux mains - les victimes occasionnelles de quelques filles dans les blanchisseries - sont, bien que beaucoup plus saillantes, beaucoup moins graves que l'épuisement et le sous-paiement du plus grand nombre.

"Telle est donc la situation générale des travailleuses des blanchisseries commerciales. En ce qui concerne l'hygiène, la chaleur est excessive partout où le repassage est effectué à la machine. De nombreuses pièces sont pleines de vapeur. Certaines blanchisseries disposent de toilettes insalubres. et des vestiaires. En ce qui concerne le risque de blessure, dans une grande proportion d'endroits se trouvent des machines non ou insuffisamment surveillées. En ce qui concerne les heures de travail, celles-ci dépassent souvent la limite de soixante heures en saison de pointe. Les heures ne sont pas seulement longue, mais irrégulière. Une journée de travail de douze à quatorze heures n'est pas rare. Dans quelques endroits fermés le lundi et le samedi, ou ouverts à des heures courtes le lundi, la journée de travail s'étend parfois jusqu'à dix-sept heures. le travail de blanchisserie se fait debout. Les salaires de la majorité des ouvriers sont bas.

Les conclusions de la Ligue en matière de législation seront placées à la fin des comptes suivants des blanchisseries des grands hôpitaux et hôtels de New York, le premier rapport étant rédigé par Miss Elizabeth Howard Westwood, le deuxième rapport par Miss Mary Alden Hopkins.

II

"Par décision du procureur de district, les blanchisseries d'hôtels et d'hôpitaux, à condition qu'elles n'effectuent pas de travail extérieur, ne relèvent pas de la compétence du ministère du Travail. Les femmes peuvent travailler bien au-delà de la limite de soixante heures, sept jours sur sept, sans aucune ingérence de la part du gouvernement, et il n'existe aucune autorité non plus qui puisse obliger les hôpitaux et les hôteliers à surveiller leurs machines.

"Alors que les hôpitaux ne dépassaient pas, en règle générale, les horaires légaux, étaient en règle générale excellents en termes d'hygiène et payaient de meilleurs salaires que les blanchisseries commerciales à tous, sauf aux travailleurs les plus qualifiés, les machines n'étaient convenablement gardées que dans un des cas. les huit blanchisseries hospitalières où je travaillais.

"Dans certains hôpitaux, la courroie qui transmet l'énergie n'était pas protégée, au risque de croiser des travailleurs. Dans d'autres, la protection anti-écrasement était insuffisante. Dans tous les hôpitaux, j'ai entendu parler de victimes. Les doigts étaient écrasés. Une main était écrasée. Un Le bras avait été traîné dehors. L'absence de surveillance des machines était, bien sûr, une incohérence frappante, plus inexcusable dans les hôpitaux que dans les hôtels ou les blanchisseries commerciales. Car les hôpitaux ne sont pas engagés dans une activité lucrative, indépendamment de toutes les considérations humanitaires. Au contraire, non seulement elles ont un but ouvertement philanthropique, mais elles sont menées uniquement dans l'intérêt de la santé.

"Le système de résidence prévaut dans les hôpitaux et les salaires sont payés en partie en logement et en pension. Les blanchisseurs partagent les dortoirs et les salles à manger des autres employés de l'hôpital. Les dortoirs étaient dans tous les cas meublés de lits confortables et de chiffonniers ou de chiffonniers. des bureaux et un espace de rangement adéquat étaient fournis. Miss Hopkins et moi ne dormions pas, mais nos lits nous étaient attribués et utilisions nos droits de dortoir simplement comme vestiaire. Ici, nous nous attardions après les heures pour bavarder, et ici nous nous retirions souvent à midi. pour s'étendre pendant quelques minutes de relaxation de nos muscles endoloris. Les dortoirs variaient en taille. Chaque hôpital en avait plusieurs grands et plusieurs petits. Dans la plupart des cas, ces dortoirs étaient situés aux étages supérieurs. Dans l'un d'entre eux, ils occupaient le sous-sol. Ici, cependant, , une large ruelle encaissée longeait le mur de la maison et donnait aux fenêtres un assez bon accès à l'air.

"Dans tous les hôpitaux sauf deux, la nourriture était excellente et les repas convenablement servis. Il y avait des œufs et du lait en abondance. Les soupes étaient délicieuses, les viandes d'assez bonne qualité et bien cuites. Il y avait beaucoup de légumes et les desserts étaient appétissants. Nous nous asseyions généralement à de longues tables pouvant accueillir de dix à vingt personnes. Parfois nous avions des nappes et des serviettes, parfois une toile cirée blanche suffisait. Nous étions servis par des servantes.

« Dans la plupart des hôpitaux, il y a un repos de quinze à vingt minutes le matin et l'après-midi, pendant lesquels on sert du lait, du thé, du pain et du beurre. Ces oasis de repos et de nourriture nous ont été d'une valeur extraordinaire pour résister à la fatigue . Leur efficacité à maintenir les ouvriers en bonne condition physique est un aspect humain et pratique des blanchisseries qui mérite d'être souligné avec force.

"Il y avait peu de variation dans les salaires entre les différentes catégories d'ouvriers. En règle générale, seuls deux prix étaient obtenus : un pour tous les repasseurs et repasseuses, un autre pour les féculers et les repasseuses de chemises et de fantaisie. Dans une blanchisserie, le salaire tomba aussi bas que Dans les autres, c'était 14 et 15 dollars pour le travail de moindre qualité, et 16 et 20 dollars pour le travail de niveau supérieur. Une des blanchisseries donnait la pension, mais pas de chambre, et ici le prix universel était de 20 dollars par mois.

"En ce qui concerne les horaires, trois des hôpitaux avaient une journée de huit heures et quatre une journée de neuf heures et demie. Dans l'un d'entre eux, il n'y avait pas de travail le samedi après-midi, de sorte que la durée hebdomadaire était de quarante heures. quatre. Un autre hôpital travaillait soixante-douze heures par semaine, sans aucune rémunération sous forme d'heures supplémentaires. Généralement, les receveurs des mangles étaient assis à leur travail. Dans un hôpital, les nourrisseurs étaient également assis, sur des tabourets hauts. Nous nous sommes demandé pourquoi cela était ce n'est pas plus souvent l'habitude. La différence de vigueur dans nos propres cas lorsque nous travaillions assis était marquée. Assis, nous nous en sortions inlassablement; rester debout toute la journée nous laissait engourdis de fatigue. Dans un seul hôpital, la lumière artificielle était nécessaire dans la salle de travail . Les pièces, en règle générale, étaient bien aérées et l'air était frais lorsqu'on y pénétrait.

"Nous avons souvent remarqué que les ouvriers des blanchisseries hospitalières étaient beaucoup moins contents que ceux des autres classes de blanchisseries. Il n'était pas surprenant qu'ils manquaient d'enthousiasme pour leur travail, car le blanchissage n'est pas une tâche intéressante; mais, avec des conditions bien au-delà dans n'importe quel autre type de blanchisserie, il était étrange que les employées de l'hôpital soient les blanchisseuses les plus changeantes, critiqueuses et découragées que nous ayons rencontrées. Nous attribuions cela en partie à l'effet déprimant d'une atmosphère de maladie, en partie au fait que les travailleurs vivant à l'extérieur sont sans aucun doute stimulés par le plaisir de changer de décor, de voir au moins deux groupes de personnes et, surtout, généralement par une certaine sympathie particulière et un souci pour leur fortune individuelle. Dans la dernière blanchisserie de l'hôpital où nous travaillions, l'un d'entre eux a mené par les Sœurs de la Charité, même si les heures de travail étaient longues et les salaires de seulement 10 $ par mois, il y avait un air exceptionnel de gaieté et d'intérêt parmi les ouvrières. l'intérêt et la gentillesse inhérents à toutes les Sœurs responsables.

"L'amertume qui caractérisait les travailleurs vivant dans les hôpitaux a été observée par Mlle Hopkins parmi les blanchisseurs vivant dans les hôtels."

III

« Les vingt et un hôtels où nous avons mené notre enquête étaient extrêmement variés, allant d'une maison en briques jaunes près du Haymarket, avec des tapis ingrains rouges et bleus et des cloches à l'ancienne qui faisaient sonner un gong lorsqu'on tournait un bouton, jusqu'aux sols en mosaïque. et les lumières électriques pâles et ombragées des établissements les plus chers de New York.

"Quant à l'assainissement des vingt hôtels visités, six seulement avaient leur buanderie en surface. Tous les autres étaient en sous-sol ou dans des caves. Dans la plupart d'entre eux, la ventilation était défectueuse et l'air était parfois intolérablement chaud. C'est un fait frappant. — démontrant ce que la réglementation moderne et intelligente peut accomplir — qu'une blanchisserie située à deux étages sous terre à New York était si haute de plafond et que l'appareil à air froid d'été était si complet qu'il était confortable même pendant les mois chauds. Des sièges pour les preneurs de départ. Seules trois blanchisseries avaient des sols mouillés, trois seulement étaient sales et une seule avait des toilettes et des toilettes insalubres.

"En ce qui concerne le risque de blessure, sur les dix-neuf mangles que j'ai inspectés pour détecter des conditions dangereuses, six n'étaient pas suffisamment protégés. Il est d'usage dans la plupart des hôtels, lorsqu'un article s'enroule autour du cylindre de la mangle, de l'arracher pendant que le Le mangle est en mouvement. Les femmes grimpent parfois sur le mangle et tendent la main, risquant d'être emmêlées soit par leurs robes qui s'accrochent, soit en tombant en avant. Les machines des blanchisseries d'hôtel sont encore moins soigneusement gardées que celles d'une blanchisserie commerciale . , et dans certains établissements il y a d'ailleurs une foule dangereuse. C'était le cas dans une blanchisserie dans la cave d'un hôtel. Je travaillais ici à la table à repasser sur un lot de costumes du chantier naval. Comme le travail arrivait de l'extérieur du hôtel, l'établissement aurait dû être sous l'inspection de l'État. Les chambres étaient étroites. Il y avait un ventilateur, placé très bas, près de l'endroit où les filles accrochaient leurs écharpes, et dès que j'entrais, on me prévenait qu'il rattrapait mon retard. dans ses lames et détruisit tout ce qui s'en approchait. Les courroies des machines ont été déballées. Une flamme bleue soufflait parfois à quatre pouces au-delà de la repasseuse, directement dans l'espace étroit où les jeunes filles devaient passer devant elle. En ce qui concerne le danger provenant des machines, il convient de noter le danger provenant des ascenseurs des employés. Dans un hôtel, j'ai pris quarante-quatre fois un ascenseur dont la porte de garde n'était fermée qu'une seule fois, alors que la voiture était souvent bondée, et à deux reprises j'ai vu des filles échapper de peu aux blessures en accrochant leurs jupes dans les portes palières et les loquets. Dans un autre hôtel, des ascenseurs inexpérimentés ont été cambriolés dans des wagons dangereux portant des pancartes indiquant : « Cet ascenseur ne doit pas transporter plus de quinze personnes. » Les voitures étaient utilisées non seulement pour les personnes, mais aussi pour les malles et les lourds camions de linge sale. Lors d'un voyage, une voiture transportait un de ces énormes camions, deux malles et douze filles ; lors d'un autre voyage, il y avait vingt-deux personnes.

"Dans huit des hôtels, les salaires étaient payés en partie en logement et en pension. Les salaires en espèces sont indiqués ci-dessous :

Travailleurs vivant à	
	Par mois
Repasseuses sur flanelles, bas et travaux simples	22 $
Repasseuses : ouvriers qualifiés pour le lavage familial	25-30
Secoueurs	14-16
Tous les débutants	14-16

Travailleurs vivant à l'extérieur	
	Par semaine
Repasseuses	7$ et plus
Secoueurs	6 et plus
Mangeoires	6 et plus
Dossiers	6 et plus
Amidons (chemise), salaire aux pièces, moyen.	8
Amidons (cols et poignets)	15 ans et plus

"Les huit hôtels variaient considérablement en termes de conditions de vie. La nourriture était raisonnablement bien préparée, mais, comme la plupart des plats d'hôtel, monotone et dépourvue de légumes frais et de friandises. L'une des conséquences de cela est que les femmes passent une grande partie de leur vie. leur salaire pour des fruits et d'autres aliments pour compléter leurs repas insatisfaisants. Seuls deux hôtels planifiaient intelligemment leurs repas.

"Les salles à manger étaient généralement situées au-dessous du niveau de la rue et variaient en termes de ventilation, de surpeuplement et de désordre. Dans l'une, les serveurs étaient des immigrants grecs, qui étaient en manches de chemise, portaient des tabliers à coutil et sans col, et étaient souvent sales et sales. pas rasé. Au cours des quatorze repas que j'ai pris là-bas, je ne me suis assis qu'une seule fois à une table propre. Les chaudières à café sur le côté de la pièce bouillonnaient et envoyaient des jets d'eau sur les femmes de ménage. La vaisselle sale était empilée dans de grandes Des cuves en fer blanc avec un bruit, et les sortaient en râpant sur le sol. Les femmes de ménage suppliaient les serveurs de débarrasser les tables, qui semblaient comme si des poubelles avaient été vidées dessus. Le steward ne pouvait pas faire respecter son autorité. Il y avait un bruit constant et désordre dans la chambre. Dans une autre salle à manger, celle d'un vieil hôtel agréable et délabré près de la rivière, où une brise entrait dans notre blanchisserie par seize fenêtres, les employés étaient assis dans l'une des salles du restaurant après l'heure de pointe de midi. était terminé, servi par les serveurs réguliers et doté de plats attrayants et variés et de viandes provenant des mêmes coupes que celles des invités. «Ils ont du respect pour l'aide ici», a déclaré l'une des femmes.

" Les dortoirs étaient, à une exception près, aux étages supérieurs. Une chambre dans un hôtel moderne et coûteux, où se trouvaient vingt-sept lits, en gradins, n'était aérée que par trois fenêtres donnant sur une cour intérieure. La pièce avait l'air fraîche et agréable parce que de sa peinture blanche et de ses couvre-lits bleus ; mais il était mal aéré, à la fois en raison de son état et parce que les filles gardaient les fenêtres fermées pour se réchauffer. C'était une cause fréquente de mauvaise ventilation dans les autres dortoirs et dans les salles de travail.

"Les horaires de travail étaient irréguliers et variaient selon les endroits. Dans une grande blanchisserie, je travaillais plus de dix heures pendant sept jours par semaine, soit plus de soixante-douze heures. Environ neuf heures et demie semblaient être la journée habituelle. Quatre hôtels accordaient des pauses de quinze minutes pour le thé, le matin et l'après-midi ; deux les accordaient une fois par jour. Ces repos sont d'un soulagement incalculable. Un hôtel accordait des pauses de vingt minutes, de sorte que les heures étaient : 7h20 à 9h ; 9h20 à 11h25. 12 h 30 à 14 h 30 et 14 h 20 à la fermeture. Cet arrangement donnait des périodes de travail très courtes, mais pendant celles-ci les femmes étaient capables de travailler vigoureusement et elles accomplissaient un travail stupéfiant .

"Mais dans la plupart des blanchisseries des hôtels, les femmes étaient tout le temps fatiguées. Elles se traînaient hors du lit à la dernière minute. Elles s'allongeaient dans leur lit à midi et s'y glissaient dès que le travail était terminé . "Les pieds" étaient le sujet constant de la conversation. Mais les femmes n'avaient aucune idée de quel était le problème avec elles. leurs pieds et, dans de nombreux cas, acceptés comme un inconfort inévitable qui aurait pu être atténué par des bains de pieds, des soins, des assiettes et des chaussures appropriées. Les rhumes persistaient sans fin. Les maux de gorge étaient fréquents. Une fille qui nourrissait des napperons dans une mangle se plaignait que regarder constamment un tablier en mouvement lui faisait « mal aux yeux », de sorte qu'elle ne pouvait pas voir distinctement et se nourrissait parfois de plusieurs napperons à la fois sans s'en apercevoir. Le manque d'air avait sans doute une profonde influence sur la vigueur des femmes. hôtel près de la rivière, où le lavoir avait seize fenêtres, les femmes étaient en excellente santé.

"En général, les hôtels les plus anciens, malgré leurs vestiaires plus insalubres et leurs machines moins bien gardées, étaient plus prévenants envers leurs employés. Mais dans l'un des hôtels les plus récents et les plus chers, une jeune fille malade est soignée par le médecin de l'hôtel . , et reçoit de la soupe, du lait, etc. Son salaire n'est pas réduit. Elle est traitée avec une véritable sympathie. Ici, j'ai entendu une fois une femme dire au patron qu'elle était malade et demander la permission d'aller au dortoir. Il a donné la permission Aucune des femmes n'a jamais abusé de sa gentillesse. Les femmes d'ici étaient en assez bonne forme, sauf, il faut l'avouer, l'extrême fatigue qui semble s'emparer de presque toutes les blanchisseuses, et qui résulte de leurs heures de travail. debout.

« Je remarquais une fille qui avait les pieds légers comme un chaton et qui semblait infatigable ; mais tous les midis, dès qu'elle avait fini son déjeuner, elle s'enveloppait dans une couverture et restait immobile pendant tout le temps. Un soir, une femme entra en titubant dans un dortoir, s'assit sur une malle, ôta ses chaussures et ses bas et, tout en frottant son pied enflé, maudissait longuement et méthodiquement toute sa situation, maudissait les autres ouvriers qui avaient retenu le travail. par leur lenteur ; maudit le directeur, qui lui avait demandé du travail supplémentaire ; maudit le dortoir et la buanderie ; maudit le monde entier. Au premier mot de sympathie que je lui ai offert, elle s'arrêta et dit avec une vérité tranquille : " Cher cœur , nous sommes tous fatigués.

"Voici mes notes pour un jour :—

Lorsque j'entrai dans le dortoir, un peu avant sept heures et demie, plusieurs filles se traînaient hors du lit pour s'habiller. Ceux-ci allaient travailler sans petit-déjeuner, ayant besoin d'une demi-heure de repos supplémentaire par rapport à leur envie de nourriture.

Deux sont restés au lit. L'un d'eux s'est fait extraire la nuit précédente une dent ulcérée. J'ai demandé à l'autre si elle était malade. Elle gémit. "Je me lèverai dès que mes douleurs au ventre auront disparu." En moins d'une heure, elle était à la buanderie, portant des brassées de combinaisons de travail pour hommes jusqu'au séchoir. Elle a travaillé jusqu'à huit heures et demie ce soir-là.

Toute la matinée, je suis resté à côté du vieux Sallie, qui n'arrêtait pas de demander : « Quelle heure est-il maintenant, ma chérie ? parce qu'elle ne pouvait pas voir l'horloge.

A midi, alors que nous étions assis ou allongés sur les lits du dortoir, une des filles a dit : « Mon Dieu ! J'aimerais pouvoir rester au lit cet après-midi.

L'après-midi, j'étais à côté de Thérèse qui répétait : « C'est si long de travailler jusqu'à cinq heures et demie ! Si seulement je pouvais me coucher à cinq heures et demie !

Je suis sorti dîner avec une fille nommée Kate, qui s'était foulé la cheville il y a une semaine. J'ai dit : « Le médecin ne l'a-t-il pas vu ? Elle s'est retournée contre moi. "Mon Dieu ! quand ai-je le temps de voir un médecin ?" Elle a une mauvaise humeur sur le visage, qui est écarlate, et parfois, le matin, couvert de fines écailles blanches. Elle obtient un soulagement en s'essuyant les joues avec les serviettes humides qu'elle secoue.

Après le dîner, je montai une minute au dortoir. Ici, j'ai trouvé une cousine de Thérèse qui lui donnait du thé au lit, où je l'ai exhortée à rester. La cousine secoua la tête. "Ah, non ," dit-elle, "elle ne doit pas abandonner ; elle est encore nouvelle dans ce travail, ils aimeraient qu'elle soit malade." Theresa se leva et retourna en rampant jusqu'à la table tremblante pour travailler jusqu'à sept heures.

Toute la soirée, je me suis tenu à côté d'une jeune fille dont le pied, lorsqu'elle marchait, lui faisait mal « jusqu'au sommet de la tête ». Elle a dit : "Je suis dessus depuis sept heures et demie."

Sur le chemin du retour au dortoir à huit heures et demie, une des filles m'a raconté à quel point ses bras et ses jambes lui faisaient mal. Dans le dortoir, la jeune fille qui était restée au lit toute la journée sanglotait et avait de la fièvre. Elle avait mal à la gorge et crachait du sang. Elle était restée allongée là toute la journée, sans aucun souci, sauf pour se faire apporter du thé et des toasts par une femme de chambre.

En repensant à la semaine dernière, il semble impossible que cela ait pu être vrai. Regarder ces femmes, c'était comme voir des animaux torturés.

« Une journée aussi longue que celle-ci suit généralement une grande fête. La célébration Hudson-Fulton, ou le salon de l'automobile, ou un grand bal de charité, ou le dîner d'une excellente société sociologique sont l'occasion d'un divertissement accru à l'hôtel et d'un somptueux divertissement. utilisation de beau linge de table, qui sera séché, mutilé et plié le lendemain par les blanchisseuses souterraines.

"Toute cette pression de travail supplémentaire dans les hôtels ici est produite, non pas par des personnes mal intentionnées et consciemment oppressives, - en fait, comme on le verra, une grande partie a été produite par la pure bonne volonté sociale et par des personnes aux intentions les plus progressistes . ... mais simplement par les conditions non réglementées des blanchisseries.

IV

Tel est donc le récit de ce que les ouvrières donnent et de ce qu'elles reçoivent dans leur industrie dans les blanchisseries commerciales, hôtelières et hospitalières de New York.

On ne peut pas dire que les caractéristiques malheureuses des conditions de blanchisserie observées soient dues à la cupidité des employeurs. Ces caractéristiques semblent plutôt dues à un manque de système et de réglementation. Les faillites financières dans le secteur des blanchisseries new-yorkaises sont fréquentes. Même dans le peu de temps qui s'est écoulé entre l'inspection des machines de blanchisserie par le ministère du Travail, début février, et une réinspection des vingt-six établissements qui avaient mal gardé leurs machines, effectuée en août par Miss Westwood, deux de ces vingt-six entreprises s'était effondré. Miss Westwood a découvert certaines des caractéristiques malheureuses qui caractérisent les blanchisseries commerciales et hôtelières existantes dans les blanchisseries hospitalières, qui relèvent tout à fait du commerce extérieur.

Après que la Ligue des Consommateurs de la Ville de New York eut reçu le rapport des enquêteurs, elle détermina que la voie la plus sage et la plus efficace qu'elle pourrait prendre pour garantir des conditions plus équitables aux travailleurs de la blanchisserie serait de s'efforcer de faire adopter la législation suivante : [37]

Premièrement : qu'un crédit soit prévu pour des inspecteurs d'usine supplémentaires.

Deuxièmement : qu'aucune femme ne soit employée dans un établissement mécanique, une usine ou une blanchisserie dans cet État pendant plus de dix heures au cours d'une même journée.

Troisièmement : Que les buanderies des hôtels et des hôpitaux soient placées sous la juridiction du ministère du Travail.

Il existe désormais dans l'État de New York une loi qui prévoit des installations sanitaires, une plomberie et de l'eau potable adéquates pour les employés des usines et des blanchisseries. [38] Il existe une loi exigeant que les salles de travail où de la vapeur est générée soient ventilées de manière à rendre la vapeur inoffensive, dans la mesure du possible. [39]

Il existe une loi exigeant la fourniture de sièges appropriés aux employées féminines dans les usines et les blanchisseries ; et cette loi devrait prévoir l'installation de sièges pour un grand nombre d'ouvriers actuellement debout. [40]

L'établissement de salaires plus justes , ainsi que le respect de toutes ces lois, ainsi que de la loi des soixante heures par semaine, pourraient être plus concrètement favorisés par l'existence d'un syndicat dans les blanchisseries, soutenu par des dispositions gouvernementales plus fermes. pour inspection.

V

Il a été dit que les caractéristiques malheureuses observées dans le secteur de la blanchisserie à New York semblaient être dues principalement à l'absence de réglementation générale. En février 1911, la Laundrymen's Association de l'État de New York (président, M. JA Beatty), la Manhattan Laundrymen's Association (président, M. JA Wallach) et la Brooklyn Laundrymen's Association (président, M. Thomas Locken) se sont entretenues avec les consommateurs . ' League, et a demandé à coopérer avec elle pour obtenir une inspection supplémentaire des usines, l'établissement légal de la journée de dix heures dans le commerce et le placement des blanchisseries d'hôtels et d'hôpitaux sous la juridiction des lois du travail de l'État.

La Ligue a accepté d'imprimer sur une liste blanche publiée les noms des blanchisseries se conformant d'ici un an à une norme commune déterminée lors de la conférence. Tels sont les principaux points convenus et approuvés.

NORME DE LISTE BLANCHE POUR LES BLANCHISSERIES

Conditions physiques

1. Les salles de lavage sont soit séparées des autres locaux de travail, soit suffisamment ventilées afin d'éviter la présence de vapeur dans toute la buanderie.

2. Les salles de travail, de déjeuner et de retraite sont séparées les unes des autres et conformes en tous points aux lois sanitaires en vigueur.

3. Toutes les machines sont gardées.

4. Des évacuations appropriées sous les machines à laver et à féculer, afin qu'il n'y ait pas de sols mouillés.

5. Des sièges adaptés aux machines sont prévus au

- *un* . Alimentateur repasseuse à colliers.

- *b* . Attrape-repasseuse à col.

- *c* . Alimentateur d'amortisseur de collier.

- *d* . Attrape-amortisseur de collier.

- *e* . Lisseur de col.

- *f* . Alimentateur d'amidon à collier.

- *g* . Attrape-amidon de collier.

- *h* . Mangeoire et receveur de mouchoirs à plat.

- *je* . Dossiers sur petits travaux.

- *j* . Shaper de col.

- *k* . Amortisseur de couture de col.

- *l* . Shaper à col droit.

6. Les ordonnances de la ville et les lois de l'État sont obéies dans tous les détails.

Salaires

1. L'égalité de salaire est accordée pour un travail égal, quel que soit le sexe, et aucune femme âgée de dix-huit ans ou plus et ayant un an d'expérience ne reçoit moins de 6 dollars par semaine. Cette norme inclut les travailleurs à la pièce.

Heures

1. La semaine normale de travail ne dépasse pas 54 heures et aucun jour le travail ne doit se poursuivre après 21 heures.

2. Lorsque le travail continue après 19 heures, 20 minutes sont accordées pour le dîner et l'argent du dîner est donné.

3. Demi-vacances chaque semaine pendant deux mois d'été.

4. Un congé payé d'au moins une semaine est accordé pendant la saison estivale.

5. Toutes les heures supplémentaires, au-delà de la norme hebdomadaire de 54 heures, sont rémunérées.

6. Salaires payés et locaux fermés les six jours fériés légaux, à savoir : le jour de Thanksgiving, Noël et le Nouvel An, le 4 juillet, le jour de la décoration et la fête du travail.

L'Association des blanchisseurs de l'État de New York s'est jointe à la Ligue des consommateurs d'Albany lors de la dernière session législative et a envoyé à plusieurs reprises un avocat au Capitole pour soutenir un projet de loi définissant comme usine tout endroit où le travail de blanchisserie est effectué par la force mécanique. Le soutien de l'association a été efficace et déterminé. Le projet de loi a désormais été adopté par les deux chambres.

Une telle action responsable de la part des employeurs des blanchisseries commerciales de l'État de New York, de Brooklyn et de Manhattan contraste de façon frappante avec la position adoptée par les employeurs des blanchisseries commerciales de l'Oregon en ce qui concerne les horaires légaux d'activité des employés de blanchisserie.

VI

La constitutionnalité de la loi actuelle de New York concernant la durée du travail des femmes adultes dans les usines, les blanchisseries et les établissements mécaniques a été pratiquement déterminée par la décision fédérale concernant la loi de l'Oregon sur la journée de dix heures pour les travailleuses.

Il y a environ trois ans, l'État de l'Oregon a promulgué une loi ayant pratiquement la même portée que la loi de New York sur le même sujet, bien que supérieure en ce sens qu'elle limitait à dix heures la durée du travail des femmes adultes dans les établissements mécaniques, les usines et les blanchisseries . pendant les vingt-quatre heures d'une journée, où la loi de New York, de même disposition à d'autres égards, limite la durée du travail des femmes adultes à soixante heures par semaine.

Les blanchisseries et l'État de l'Oregon ont convenu de porter un cas test devant la Cour suprême fédérale pour déterminer la constitutionnalité de la nouvelle loi.

M. Curt Muller, de l'Oregon, a employé une femme qui travaillait dans sa blanchisserie pendant plus de dix heures. Une dénonciation a été déposée contre lui par un inspecteur. Le procès de M. Muller a abouti à un verdict contre lui et à une condamnation à une amende de dix dollars. Il a fait appel de l'affaire devant la Cour suprême de l'État de l'Oregon, qui a confirmé sa condamnation. M. Muller a ensuite fait appel de l'affaire devant le Tribunal fédéral.

Pour la défense de la loi devant la Cour suprême fédérale, la Ligue nationale des consommateurs a eu la chance d'obtenir, en coopération avec l'État de l'Oregon, les services de Louis D. Brandeis, les services les plus distingués qui auraient pu être reçus. généreusement offert en cadeau. Ce fait à lui seul peut servir à indiquer le caractère vital de l'affaire et l'importance, pour la justice industrielle à l'avenir, d'obtenir un verdict favorable en faveur des blanchisseurs.

L'argument de M. Muller était que la loi des dix heures de l'Oregon était inconstitutionnelle : premièrement, parce que la loi tentait d'empêcher les personnes de conclure leurs propres contrats et violait ainsi les dispositions du quatorzième amendement. [41] Ensuite, parce que la loi ne s'appliquait pas également à toutes les personnes se trouvant dans une situation similaire et qu'elle constituait une législation collective. Et enfin, parce que la loi ne constituait pas un exercice valable du pouvoir de police ; c'est-à-dire qu'il n'y avait aucun lien nécessaire ou raisonnable entre les limitations décrites par la loi et la santé et le bien-être publics.

Dans son mémoire, M. Brandeis répondait que, premièrement, la garantie de la liberté contractuelle était légalement soumise aux restrictions raisonnables d'action que l'État peut imposer dans l'exercice du pouvoir de police pour la protection de la santé et du bien-être en général. Elle a soutenu que certains faits de notoriété publique établissaient de manière concluante qu'il existait des motifs raisonnables de conclure que permettre aux femmes de l'Oregon de travailler dans un établissement mécanique, une usine ou une blanchisserie plus de dix heures par jour était dangereux pour le bien-être public.

Ces faits de notoriété publique, rassemblés par Miss Josephine Goldmark, secrétaire aux publications de la Ligue nationale des consommateurs, ont été considérés sous deux chefs : premièrement, celui des législations américaines et étrangères restreignant la durée du travail des femmes ; et, deuxièmement, l'expérience mondiale sur laquelle se fonde la législation limitant la durée du travail des femmes.

Ces faits comprenaient les restrictions gouvernementales sur le nombre d'heures que les employeurs peuvent exiger des femmes qu'elles travaillent, dans vingt États des États-Unis et en Grande-Bretagne, en France, en Suisse, en Autriche, aux Pays-Bas, en Italie et en Allemagne. Les lois ont été suivies par des déclarations faisant autorité provenant de plus de quatre-vingt-dix rapports de comités, bureaux de statistiques, commissaires à l'hygiène et inspecteurs gouvernementaux, tant dans ce pays que dans tous les pays civilisés d'Europe, affirmant que de longues heures de travail sont dangereuses pour les femmes . principalement en raison de leur organisation physique particulière.

En réponse à la deuxième allégation, selon laquelle la loi en question était une législation de classe, car elle ne s'appliquait pas également à toutes les personnes se trouvant dans une situation similaire, le plaignant a répondu que l'interdiction spécifique de travailler plus de dix heures dans une blanchisserie n'était pas une discrimination arbitraire contre ce commerce; parce que le caractère actuel de l'industrie et les dangers particuliers que représentent les longues heures de travail offrent de bonnes raisons de prévoir une limitation légale de la durée du travail dans cette industrie ainsi que dans les établissements manufacturiers et mécaniques. Les déclarations des autorités industrielles et médicales décrivaient de manière concluante le caractère actuel du secteur de la blanchisserie.

M. Brandeis a finalement soutenu que, compte tenu de tous ces faits, la loi actuelle de l'Oregon relevait du pouvoir de la police de l'Oregon, puisque la santé et le bien-être publics exigeaient une limitation légale des heures de travail des femmes dans les établissements manufacturiers et mécaniques et dans les blanchisseries.

Le juge Brewer a rendu l'opinion de la Cour suprême des États-Unis. L'affaire a été gagnée. Voici, en partie, les mots de la décision : -

Il n'est peut-être pas inutile dans la présente affaire, avant d'examiner la question constitutionnelle, de s'intéresser au cours de la législation ainsi qu'aux expressions d'opinion provenant d'autres sources judiciaires. Dans le mémoire déposé par M. Brandeis... se trouve un abondant recueil de toutes ces questions. La ... législation et les opinions mentionnées ... témoignent d'une croyance largement répandue selon laquelle la structure physique de la femme et les fonctions spéciales qu'elle exerce en conséquence justifient une législation spéciale restreignant ou qualifiant les conditions dans lesquelles elle devrait être autorisée à travailler.

Les questions constitutionnelles, il est vrai, ne sont pas réglées même par un consensus de l'opinion publique actuelle. [...] En même temps, lorsqu'une question de fait est débattue et discutable, et que la portée d'une limitation constitutionnelle particulière est affectée par La vérité sur ce fait, une croyance répandue et persistante à ce sujet mérite d'être prise en considération. Nous prenons connaissance judiciaire de toutes les questions de culture générale....

que la structure physique de la femme et l'exercice de ses fonctions maternelles la désavantagent dans la lutte pour la subsistance. Cela est particulièrement vrai lorsque les fardeaux de la maternité pèsent sur elle. Même lorsqu'ils ne le sont pas, selon les témoignages abondants de la fraternité médicale, le fait de rester longtemps debout au travail, en répétant cela de jour en jour, tend à avoir des effets néfastes sur son corps, et comme des mères en bonne santé sont essentielles à une progéniture vigoureuse, le bien-être physique de la femme devient un objet d'intérêt et de soin public afin de préserver la force et la vigueur de la race.

Personne ne connaissant la pression réelle exercée sur les blanchisseuses, personne qui les avait vues étendues immobiles et engourdies par la fatigue à la fin d'une longue journée, ou renonçant à la nourriture pour se reposer, ne pouvait écouter sans émotion ces paroles passionnantes des plus grands. tribunal de notre pays.

La caractéristique la plus éloquente de l'affirmation de la Cour suprême était le fait qu'elle était essentiellement fondée simplement sur une vérité humaine claire, fermement et largement établie, fondée sur le respect, non seulement du passé, mais de l'avenir de la nation tout entière.

On entend trop souvent dire que « la loi n'a rien à voir avec l'équité », au point de croire que la loi a été faite pour l'amour de la loi, et non comme un moyen de délivrance de l'injustice. "La fin des litiges, c'est la justice. Nous pensons que la vérité et la justice sont plus sacrées que toute considération personnelle." Telle était la conception de la fonction juridique exprimée par le juge Brewer vingt ans auparavant, lors de sa nomination à la magistrature suprême. C'est cette conception du droit qui a fait de la décision rendue dans l'affaire de l'Oregon une décision importante dans l'histoire de notre pays.

Depuis des temps immémoriaux, les femmes comme les hommes sont des travailleurs du monde. L'élément essentiel de l'affirmation selon laquelle six millions de femmes occupent désormais un emploi rémunéré dans ce pays n'est pas « l'entrée » d'un grand nombre de femmes dans l'industrie, mais le fait que leur industrie, désormais exploitée dans le secteur public plutôt que dans le secteur privé, a été reconnue et payé. Cette reconnaissance a conduit le Tribunal fédéral à établir des conditions plus justes pour le travail des femmes. Un tel établissement, comme l'affirme l'opinion du tribunal, est sûrement un gain évident, non seulement pour les femmes, mais aussi pour les enfants, pour les hommes, pour la race.

Lorsque la préparation de la nourriture et des vêtements, le travail domestique traditionnel des femmes, est passée dans une large mesure des feux domestiques et des rouets aux conserveries et aux métiers du vêtement avec l'invention des machines, les femmes ont simplement continué leur travail traditionnel à l'extérieur de leur maison au lieu de à l'intérieur d'eux. [42] Les récits des métiers de blanchisseur, de tailleur de chemise et de confection de manteaux à New York semblent montrer que, là où hommes et femmes s'engagent dans le même domaine d'activité, leur travail n'est, par une division naturelle, ni compétitif ni antagonistes, mais complémentaires. En fait, cela est si peu antagoniste que la toute première étincelle qui a allumé le feu de la plus grande grève de femmes jamais survenue dans ce pays, la grève des tailleurs de chemises, a été allumée par une injustice offensante envers un homme.

Les chroniques de ce que les femmes autonomes ont donné et reçu dans leur travail en salaire et en vitalité, les budgets de ces travailleuses obtenus par la Ligue des Consommateurs, n'auront pas raconté véritablement leur histoire si elles n'ont pas évoqué dans leur récit la présence de ce sens impersonnel du bien, instinctif chez les filles d'usine qui vont année après année à Albany pour lutter contre les longues heures de Noël pour les vendeuses, chez les confectionneuses de manteaux dans leurs efforts pour arrêter le travail à domicile en sueur, dans le bon sens responsable d'innombrables femmes qui travaillent. De sorte que le fait que six millions de femmes occupent désormais un emploi rémunéré dans ce pays puisse finalement contribuer à garantir des ajustements plus judicieux et des rémunérations plus équitables pour le travail, non seulement des femmes, mais de tous les travailleurs du monde.

NOTES DE BAS DE PAGE :

[33] Sa gravité peut être indiquée par un récit du travail qu'un repasseur de machines dans l'Illinois effectuait régulièrement avant l'adoption de la loi des dix heures de l'Illinois, lorsque les conditions dans cet État étaient ce qu'elles sont aujourd'hui dans les blanchisseries des hôtels et des hôpitaux de New York. York. Miss Radway repassait cinq cents poitrines de chemise par jour. Retenant la partie ample de la chemise au-dessus de sa tête pour éviter que la mousseline ne se coince dans le fer, elle pressait la poitrine dans une machine manipulée par trois lourdes marches - en portant tout son poids sur son pied droit en appuyant sur une pédale. À droite; puis en portant tout son poids sur son pied gauche, en appuyant sur une pédale vers la gauche ; puis en appuyant d'un coup sur les deux pédales. Pour repasser cinq cents poitrines de chemise, il fallait trois mille passages par jour.

[34] Loi sur le travail de l'État, paragraphe 81.— Protection des employés utilisant des machines : "... Si une machine ou une partie de celle-ci se trouve dans un état dangereux ou n'est pas correctement surveillée, son utilisation peut être interdite par le commissaire au travail. , et un avis à cet effet doit y être joint. Cet avis ne doit pas être retiré tant que la machine n'est pas sécurisée et que les garanties requises ne sont pas fournies, et entre-temps, ces machines dangereuses ne doivent pas être utilisées.

[35] Voici une lettre du secrétaire de la Ligue des syndicats des femmes, exposant les résultats de l'organisation en Occident dans le commerce de la

blanchisserie : « Il y a huit ans, les blanchisseuses de San Francisco étaient en concurrence avec les blanchisseries chinoises. travailler dans les blanchisseries là-bas recevait environ 10 $ par mois, avec le privilège de « vivre ». Trois jours par semaine, ils commençaient à travailler à 6 heures du matin et travaillaient jusqu'à 2 heures du matin le lendemain matin. Les trois autres jours, ils travaillaient de 7 heures du matin à 20 heures. Depuis l'organisation, ils ont établi la journée de neuf heures et le salaire minimum de 7 $. Ils ont étendu leur organisation sur presque toute la longueur de la côte Pacifique. »

[36] Le tableau ci-dessous peut peut-être donner une meilleure idée du niveau de salaire pour tous les départements de blanchisserie dans lesquels les femmes sont employées. Par le mot « standard », j'entends le salaire habituel d'un ouvrier de qualification moyenne qui travaille dans une blanchisserie depuis au moins un an.

Amidonnage à la main (chemises)	13 $
Repassage à la main	dix
Amidonnage à la main (colliers)	9
Lavage des mains	8
Repassage à la machine	7
Mangeoires	6
Dossiers	6
Attrapeurs	5
Amidonnage à la machine (chemises)	5
Repassage du col	5
Amidonnage machine (colliers)	4,50
Secoueurs	4,50

[37] L'une des suggestions faites par les enquêteurs, en ce qui concerne le risque de blessure, était la recommandation de l'adoption de la loi sur l'indemnisation de l'État, rédigée par la conférence conjointe des organismes centraux du travail de la ville de New York. Cette loi est devenue une loi en septembre 1910, mais a depuis lors (22 juillet 1911) été déclarée inconstitutionnelle.

[38] Lois de New York, chapitre 229, section 1, paragraphe 88. Devenue une loi le 6 mai 1910.

[39] Lois de New York, chapitre 31 des lois consolidées, telles que modifiées au 1er juillet 1909, paragraphe 86. Suggestion des enquêteurs : cette loi serait plus simple à appliquer si une clause d'amendement exigeait que, dans les blanchisseries, le lavage soit fait . dans une pièce séparée du reste de l'œuvre.

[40] Lois de New York, chapitre 3 des lois consolidées, telles que modifiées le 1er juillet 1909, paragraphe 86.

[41] « Aucun État ne fera ou n'appliquera aucune loi qui restreindrait les privilèges ou immunités des citoyens des États-Unis : aucun État ne devra non plus priver une personne de la vie, de la liberté ou des biens, sans une procédure légale régulière, ni refuser de à toute personne relevant de sa juridiction l'égale protection des lois.

[42] Jane Addams, « Démocratie et éthique sociale ».

CHAPITRE VII

GESTION SCIENTIFIQUE APPLIQUÉE AU TRAVAIL DES FEMMES

Au cours des trente dernières années, une nouvelle méthode de conduite du travail, appelée gestion scientifique, a été mise en place dans diverses entreprises aux États-Unis, notamment « les ateliers et usines d'usinage, les usines sidérurgiques et les usines de papier, les filatures de coton et les magasins de chaussures, les blanchiments et les teintureries. travaux, dans l'imprimerie et la reliure, dans les établissements de lithographie, dans la fabrication de machines à écrire et d'instruments d'optique, dans les travaux de construction et d'ingénierie - et dans une certaine mesure - dans les départements de fabrication de l'armée et de la marine. [43]

Trois des entreprises plus ou moins réorganisées par ce nouveau système dans ce pays emploient des travailleuses. Ces établissements sont une filature de coton du New Jersey, une blanchissage du Delaware et une usine de finissage de tissus en Nouvelle-Angleterre. La réduction des coûts pour les entreprises propriétaires inaugurant la gestion scientifique a déjà reçu une large publicité. L'objet de ce récit est de présenter une chronique aussi claire que possible de l' effet que les méthodes de gestion scientifique ont eu sur la fortune des travailleurs, plus particulièrement sur les heures, les salaires et la santé générale des femmes. les travailleurs de ces maisons qui ont jusqu'à présent expérimenté sa formation. [44]

Quels sont alors les nouveaux principes de management inaugurés ? Qu'est-ce que la gestion scientifique ? L'expression pourrait peut-être être mieux définie pour les lecteurs profanes par un écrivain profane au moyen d'un aperçu de l'évolution de ses principes de travail dans cette entreprise - un aperçu tracé autant que possible dans les mots des ingénieurs qui ont créé le système, dont la courtoisie en la question est ici reconnue avec gratitude.

je

En 1881, M. Frederick W. Taylor, l'auteur largement vénéré de "The Art of Cutting Metals" et de "Shop Management", alors jeune homme de 21 ans, clôtura, dans un grave découragement, un concours long, dur et victorieux. de sa conduite en tant que chef de gang des machinistes de la Midvale Steel Company en Pennsylvanie. Au cours des trois dernières années, comme il le raconte dans son livre « Efficacité académique et industrielle » : [45]

En licenciant les ouvriers, en abaissant les salaires des hommes les plus obstinés qui refusaient de procéder à une quelconque amélioration, en abaissant le taux du travail aux pièces et par d'autres méthodes similaires, il (l'écrivain) réussit à augmenter très sensiblement le rendement des machines, dans certains cas. cas doublant le rendement, et avait été promu d'un chef de gang à un autre jusqu'à ce qu'il devienne le contremaître de l'atelier.... Pour tout homme sensé, cependant, ce succès n'est en aucun cas une récompense pour les relations amères qu'il est obligé d'entretenir avec tous ceux qui l'entourent. La vie qui est une lutte continue avec d'autres hommes ne vaut guère la peine d'être vécue. Peu après avoir été nommé contremaître, il décida donc de faire un effort déterminé d'une manière ou d'une autre pour changer le système de gestion afin que les intérêts des ouvriers et des ouvriers soient respectés. la direction devrait devenir la même au lieu d'être antagoniste.... Il a donc obtenu la permission de M. William Sellers, président de la Midvale Steel Company, de dépenser de l'argent dans une étude scientifique minutieuse du temps requis pour effectuer divers types de travaux. .

Le manque d'information, de la part des travailleurs et de la direction, quant au délai le plus rapide dans lequel un travail peut être effectué constitue ce qui a été l'obstacle le plus redoutable sur le chemin de tout progrès vers l'amélioration des conditions industrielles. opération, chaque erreur, chaque geste inutile doit être payé par quelqu'un et, à long terme, l'employeur et l'employé doivent supporter une part proportionnelle. fait par un homme de première classe; ce temps peut être appelé « Temps Standard », pour le travail... Dans tous les systèmes ordinaires, ce temps le plus rapide est plus ou moins complètement enveloppé de brouillard.

Pendant environ douze ans, les opérations les plus simples dans l'atelier furent désormais chronométrées, observées et étudiées par des diplômés des cours de sciences, différents universitaires, engagés par M. Taylor, jusqu'à ce qu'une loi générale ait été découverte concernant l'exercice de l'énergie physique. un travailleur de première classe pourrait employer « et prospérer avec ». Il a été constaté que la résistance à la fatigue du travailleur lors du levage et du transport de la charge dépendait non pas de la quantité de force en termes de puissance en chevaux qu'il était obligé d'exercer pour élever et soutenir la charge, mais de la proportion de sa journée passée au repos. Par exemple, un manutentionnaire de fonte, soulevant et transportant des porcs pesant chacun 92 livres, pourrait soulever et transporter 47 tonnes de fer par jour sans fatigue excessive si cinquante-sept pour cent de ses heures de travail étaient passées au repos, et quarante-sept pour cent de ses heures de travail. trois pour cent ont été consacrés au travail. S'il soulevait et mettait en place un nombre de porcs représentant la moitié de ce tonnage, il pourrait travailler sans fatigue excessive pendant une plus grande partie de la journée. Sous une certaine charge beaucoup plus légère, il pouvait travailler sans fatigue toute la journée, sans aucun repos.

Avec comme base une étude précise du temps, le « temps le plus rapide » pour chaque travail est à tout moment bien en vue des employeurs et des ouvriers, et est atteint avec exactitude, précision et rapidité. [46]

OPÉRATION—EXCAVATION AVEC BROUETTE . Date, 10 mars 189—

	Op.	Temps s	Un V.	Non, Shov.	Op.	Temps s	Un V.	Non, Shov.	Op.	Temps s	Un V.	Non, Shov.	Op.	Temps s	Un V.
Département — Construction	un	1,37	1,37	15	un	1.12	1.12	12	un'	1,86		11			
Hommes— Mike Flaherty	b	1,56	0,19		b	1,39	0,27		un'	1,81		13			
	c	1,82	0,26		c	1,58	0,19		un'	2.14		16			
Matériaux— Sable ne nécessitant aucun ramassage	d	1,97	0,15		d	1,70	0,12		un'	1,98		14			
Matériaux – Argile dure en banque	e	1,97	0,15		e	1,92	0,22								
Outils—Non. 3 pelles; Brouette en bois d'entrepreneur	F	2.36	0,09		F	2.36	0,09								
Conditions— Travail de jour pour un entrepreneur. Par observation précédente	un	1.24	1.24	13	un	2.05	0,13	13							
Une charge moyenne de sable dans	b	1,36	0,12		b	1,38	0,15								

une brouette est de 2,32 cu. pieds mesurés en coupe							
Une charge moyenne d'argile dans une brouette est de 2,15 cu. pieds mesurés en coupe	c	1,59	0,23		c	1,60	0,22
	d	1,83	0,24		d	1,78	0,18
	e	2.08	0,25		e	2.05	0,27
	F	2.23	0,25		F	2.23	0,18

Temps	Opérations complètes	Temps total min.	Cueillette totale min.	Total de pelletage et de déplacement min.	Fois par brouette min.	Opérations de détail	Pas d'obs.	Fois par brouette min.	Temps par pc. par pelle min.	Nombre de pelles par brouette min.	Temps de rotation de 1 pied min.
7h00	Début du chargement du sable										
9.02	43 charges transportées sur une distance de 50 pieds.	122		122	2,84	a—Remplir la brouette de sable	4	1.240	0,094	13.2	
9h50	Cueillir de l'argile dure	48				b—Démarrage	4	0,182			
11h39	29 charges d'argile transportées sur une distance de 50 pieds.	109				c—Roue pleine—50 pieds.	4	0,225			0,4
11h46	Cueillir à nouveau de l'argile	7	55		1,67	d—Déversement et retournement	4	0,172			
12.01	4 charges d'argile transportées	15		124	3,76	e—Retour vide—50 pieds.	4	0,260			0,5

	sur une distance de 50 pieds.										
		301				f—Laisser tomber la brouette et commencer à pelleter	4	0,162			
						g-		2.241			
						h—					
						je -					
						j—					
						k—					
						je—					
						m—					
						a'—Remplir la brouette d'argile	4	1.948	0,144	3.5	

NOTE .— La comparaison des opérations « Détail » avec les opérations « Complète » montre qu'environ 27 pour cent du temps total a été consacré au repos et à d'autres délais nécessaires. Environ la même quantité en vrac qu'au départ. Observateur : JAMES MONROE .

Voici un compte rendu de l'effet du résultat de cette étude du temps et de ces tests de résistance produits sur la production et le salaire d'un groupe d'hommes de la Bethlehem Steel Co., dont M. Taylor a réorganisé le travail après celui de la Midvale Steel Company . :—

Au début de la guerre d'Espagne, quelque 80 000 tonnes de fonte étaient empilées en petits tas dans un champ ouvert à côté des usines de la Bethlehem Steel Company. Les prix de la fonte étaient si bas qu'elle ne pouvait pas être vendue avec profit et elle était donc stockée. Avec le début de la guerre d'Espagne, le prix de la fonte augmenta et cette grande accumulation de fer fut vendue. La ... compagnie sidérurgique ... l'équipe de fonte ... était composée d'environ 75 hommes ... de bons manutentionnaires de fonte moyens, sous la direction d'un excellent contremaître ... Un aiguillage de chemin de fer a été déployé dans le champ, juste le long du champ. le bord des tas de fonte. Un plan incliné était placé contre le côté d'un wagon, et chaque homme ramassait de sa pile un cochon de fer pesant environ 92 livres, remontait la planche inclinée et le laissait tomber à l'extrémité du wagon.

Nous avons constaté que cette équipe chargeait ainsi en moyenne environ 12,5 tonnes par homme et par jour. Nous avons été surpris de constater, après étude de la question, qu'un manutentionnaire de fonte de premier ordre devrait manipuler entre 47 et 48 tonnes par jour, au lieu des 12½ tonnes qui étaient manutentionnées.

Cette tâche semblait si immense que nous étions obligés de revoir notre travail plusieurs fois avant d'être sûrs d'avoir absolument raison. La tâche qui nous incombait en tant que gestionnaires dans le cadre du plan scientifique moderne était de voir que les 80 000 tonnes de fonte étaient chargées sur les wagons à raison de 47 tonnes par homme et par jour au lieu de 12,5 tonnes... Il était en outre de notre devoir de veiller à ce que ce travail se fasse sans provoquer de grève parmi les les hommes, sans aucune querelle avec les hommes, et de voir que les hommes étaient plus heureux et plus satisfaits du chargement au nouveau taux de 47 tonnes qu'ils ne l'étaient lorsqu'ils chargeaient à l'ancien taux de 12,5 tonnes.

La première étape fut la sélection scientifique des ouvriers... Sous... une direction scientifique... c'est une règle inflexible de parler et de traiter avec un seul homme à la fois, puisque nous n'avons pas affaire à des hommes en masse. , mais nous essayons de développer chaque individu jusqu'à son état le plus élevé d'efficacité et de prospérité. Les 75 hommes du groupe ont été soigneusement surveillés et étudiés pendant trois ou quatre jours, au terme desquels nous avons sélectionné quatre hommes que l'on croyait physiquement capables de manipuler de la fonte à raison de 47 tonnes par jour. Une étude minutieuse a ensuite été faite sur chacun de ces hommes. Finalement, un homme a été sélectionné parmi les quatre comme étant le plus susceptible de commencer.

Cet homme, qui recevait 1,15 $ par jour, accepta de suivre pour 1,85 $ par jour les instructions de l'étudiant du temps, qui avait déterminé la proportion et les intervalles de repos nécessaires à l'accomplissement régulier de la tâche, sans surmenage ni fatigue excessive. L'ouvrier commença à porter sa charge habituelle et, à intervalles réguliers, l'étudiant du temps, observant les périodes de repos et de travail appropriées, lui disait à intervalles réguliers: "Maintenant, ramassez un cochon et marchez. Maintenant, asseyez-vous et reposez-vous. Maintenant, marchez. — maintenant, repose-toi, etc.

Il marchait quand on lui disait de marcher et se reposait quand on lui disait de se reposer, et à cinq heures et demie de l'après-midi, ses 47 tonnes et demi étaient chargées dans le wagon. Et il ne manquait pratiquement jamais de travailler à ce rythme et d'accomplir la tâche qui lui était assignée pendant les trois années que l'écrivain était à Bethléem... Pendant tout ce temps, il gagnait en moyenne un peu plus de 1,85 $ par jour ; alors qu'il n'avait jamais reçu plus de 1,15 $ par jour, qui était le salaire en vigueur à cette époque à Bethléem... Un homme après l'autre fut sélectionné et formé pour manipuler la fonte à raison de 47,5 tonnes par jour, jusqu'à ce que tous de la fonte était manipulée à ce rythme, et toute cette bande recevait soixante pour cent de plus que les autres hommes autour d'eux.

LA NOUVELLE MÉTHODE POUR FOURNIR DU MATÉRIEL AU MAÇON

Une recherche très brillante et approfondie concernant l'élimination du gaspillage d'énergie et de travail humain par l'étude du mouvement a été réalisée indépendamment de M. Taylor par M. Frank Gilbreth, dont les découvertes dans le domaine ont déjà réduit l'effort du travail de maçonnerie. les deux tiers. Les deux photographies ci-jointes montrent ce que la gestion scientifique et l'étude du mouvement ont fait dans un cas pour servir l'ouvrier en disposant son matériel de manière ordonnée et pratique.

Ces procédés extrêmement simples de maçonnerie et de transport de la fonte ont été choisis comme exemples de la procédure de gestion scientifique, parce qu'ils révèlent l'une de ses qualités les plus éclairantes. La gestion scientifique fait de tout travail un art. Il donne à la tâche manuelle la plus primitive sa juste dignité et fait passer la connaissance, la science et les pouvoirs de direction de la position de tyrans du travail à celle de ses serviteurs.

Ainsi, la gestion scientifique, en plus d'éliminer le gaspillage d'énergie humaine, ou plutôt en éliminant ce gaspillage, élimine le gaspillage d'équipement, le gaspillage de puissance des machines, et développe, grâce à un département de planification étendu, de meilleurs appareils, un programme de travail et d'enregistrement amélioré . du travail individuel comme cela n'a été que très imparfaitement indiqué ici.

Pour un exemple d'élimination des déchets dans les équipements, on peut citer l'économie réalisée pour un établissement grâce à une utilisation efficace de ses courroies. Ce fut l'œuvre de M. Harrington Emerson, largement connu comme ingénieur-conseil. Dans les années 70, M. Emerson s'était intéressé au sujet de l'ingénierie de l'efficacité grâce à son étude de la conduite réussie de l'armée allemande pendant la guerre franco-prussienne ; et il a depuis lors réorganisé de nombreuses grandes entreprises conformément aux principes découlant de son enquête. Parmi ces établissements se trouvait un atelier d'usinage où les courroies [47]

" coûtait (pour l'entretien et les renouvellements) dans l'un des principaux magasins environ 12 000 dollars par an - ou 1 000 dollars par mois - et il était si mal installé et surveillé qu'il y avait en moyenne 12 pannes par jour ouvrable, chacune impliquant plus ou moins moins de désorganisation de la plante dans sa partie ou dans son ensemble." Les ouvriers chargés des courroies recevaient désormais des instructions quant à leur tâche d'un contremaître général, qui recevait lui-même des instructions d'un ingénieur en efficacité. Cet ingénieur avait tiré ses connaissances générales sur le sujet d'un homme qui avait fait une étude spéciale des courroies pendant neuf ans. Il a établi quelques règles générales, exigeant des registres précis des pannes, des réparations et de l'installation, la pleine autorité et responsabilité de l'ouvrier spécial chargé des courroies, une meilleure qualité de travail lors de l'installation et un meilleur fonctionnement des courroies. Grâce à cette méthode, "le nombre de pannes est passé de 12 par jour ouvrable à une moyenne de 2 par jour, aucune d'entre elles n'étant grave... et en raison d'une installation défectueuse à l'origine, à laquelle il était impossible de remédier sans dépenses injustifiables... " Le coût d'entretien des ceintures est passé de 1 000 $ par mois à 300 $ par mois. "

Cette élimination du gaspillage de force humaine, et en relation avec elle, l'élimination du gaspillage d'équipement et de puissance des machines, ont donc, au cours des trente dernières années, été étudiées et appliquées dans ce pays de la manière grossièrement décrite par M. Taylor, M. Gilbreth, M. Gantt, M. Sanford Thompson, M. Barth, M. Cook et M. Hathaway ; et à peu près de la même manière par M. Harrington Emerson, M. Edward Emerson,

MWJ Power, M. Arion, M. Playfair et M. Chipman. Ces ingénieurs ont développé des méthodes qui leur ont permis de réorganiser les différentes entreprises citées qui les ont consultés, de diminuer leurs coûts et d'augmenter leurs profits. On verra immédiatement que la procédure de gestion scientifique consistant à déterminer par analyse scientifique la vitesse et les conditions de travail dans lesquelles la puissance des machines et l'énergie humaine peuvent être utilisées à la fois de la manière la plus productive et la plus continue possible, est réellement nouvelle et diffère radicalement de gestion d'entreprise ancienne, pourtant savamment systématisée.

"Mais ceci", a déclaré M. Taylor, en parlant des méthodes de gestion scientifique, "sont des incidents au cours de la gestion scientifique. Son grand objectif sous-jacent est la réalisation de la prospérité pour les travailleurs et pour les employeurs." La définition de la prospérité donnée par M. Taylor à une autre occasion est l'une des plus belles que l'auteur ait jamais entendue. "Par prospérité d'un homme, j'entends sa meilleure utilisation de ses pouvoirs les plus élevés."

On peut se demander, une fois que l'efficacité des travailleurs a été augmentée par l'étude scientifique, quelles sont les dispositions prises par l'étude scientifique pour accroître leur rémunération. Alors que M. Taylor était à la Bethlehem Steel Company, M. Henry L. Gantt, alors engagé avec lui dans la réorganisation de Bethlehem Steel Works, a d'abord appliqué le système de rémunération des primes et des tâches, qui peut être décrit vaguement comme une prime payée si un un certain montant prédéterminé doit être accompli dans un certain temps. Ses principes généraux sont les suivants : [48] —

1. "Une étude scientifique détaillée de chaque travail et la détermination de la meilleure méthode et du délai le plus court dans lequel le travail peut être effectué."

2. "Un enseignant capable d'enseigner les meilleures méthodes dans les plus brefs délais."

3. "Récompense à la fois pour le professeur et pour l'élève, lorsque ce dernier réussit." [49]

II

Il y a environ cinq ans, M. Gantt a été consulté concernant l'application de la gestion scientifique dans une maison de finition de tissus de la Nouvelle-Angleterre. L'installation du nouveau système a commencé ici à la veille d'une grève que les ouvriers ont perdue. L'histoire de cette grève et ses causes ne font pas partie de ce récit. Seuls ces faits le concernant concernent le présent sujet. La grève a commencé parmi les hommes plieurs, qui pliaient alors 155 pièces de tissu par jour pour 10 dollars par semaine sur le salaire hebdomadaire et demandaient une augmentation de salaire de dix pour cent sans augmentation de la production. Le salaire des femmes plieuses pour les travaux plus légers était de 7,50 $. Comme on le verra, cette demande a été satisfaite par la Direction Scientifique. Le salaire a été augmenté bien au-delà de dix pour cent. La production a été augmentée, à la fois grâce à des méthodes mécaniques améliorées et à un travail plus expert, passant de 447 à 887 pièces par jour. Les ingénieurs de la Direction Scientifique n'eurent, d'un côté ou de l'autre, aucune part à la grève. Mais l'une des causes qui y a sans doute contribué était la méfiance suscitée par la rumeur selon laquelle un nouveau système de travail allait être inauguré.

L'établissement de finition de tissus blanchit, amidonne et calandre les dimities, les mousselines, les percales et les chemises , et les plie et les emballe pour l'expédition. L'usine bénéficie d'une bonne lumière et d'un bon air et d'une excellente situation dans un pays ouvert et légèrement vallonné. Environ deux cents jeunes femmes, américaines, écossaises, anglaises et canadiennes-françaises, sont maintenant employées ici selon le système des primes et des tâches, la plupart d'entre elles que j'ai vues vivre avec leurs familles dans de très jolies maisons dans d'agréables villages voisins . Un ou deux se trouvaient dans les petites rues sombres et boueuses d'une ville industrielle canadienne-française. Ces filles aussi vivaient dans des maisons bien construites et ne vivaient pas dans des conditions de surpeuplement. Mais tout leur environnement était sombre et désagréable. A l'usine de finissage des tissus et dans les deux autres établissements, toutes les possibilités d'enquêtes approfondies parmi les travailleurs sur les résultats du système pour eux ont été offertes par les entreprises propriétaires. Les difficultés rencontrées par les ouvriers dans l'industrie étaient fréquemment soulignées par les dirigeants ; et les adresses et les noms des travailleurs les moins bien payés et de ceux occupant les positions les plus difficiles étaient fournis aussi librement que des informations sur les effets plus heureux du système. Cette entreprise et celle de la filature de coton sont soucieuses d'obtenir un travail de première classe dans des conditions de travail de première classe aussi rapidement que les conditions commerciales le permettent.

Le premier travail auquel les femmes sont employées est celui de maintenir le tissu en mouvement uniforme dans une machine à tendre . La machine retient sur des crochets de rame – les crochets de la référence métaphorique – le tissu humide provenant du processus de blanchiment et l'enroule uniformément dans un séchoir, où il glisse. Il existe deux types de machines à tendre . À un moment donné, deux filles sont assises, chacune surveillant un bord du tissu et le gardant droit sur les crochets , afin qu'il se nourrisse uniformément. Les machines les plus récentes fonctionnent de telle manière qu'une seule fille, debout ou assise, peut surveiller les deux bords. En raison de la proximité de l'armoire de séchage, l'air serait chaud et sec ici, mais l'air extérieur est constamment amené par des ventilateurs à travers des tuyaux avec des bouches d'aération s'ouvrant à proximité des travailleurs.

Les machines à tendre fonctionnaient autrefois lentement. Cette lenteur accentuait la monotonie naturelle et la lassitude du travail. Les filles recevaient un salaire de 6 dollars par semaine et se reposaient trois quarts d'heure le matin et trois quarts d'heure l'après-midi, avec le même temps pour dîner à midi au milieu d'une heure et demie. -une journée d'une demi-heure. Après l'introduction de la gestion scientifique, les filles ne restaient assises devant la machine qu'une heure et vingt minutes à la fois. Ils disposaient alors d'un repos de vingt minutes, et ces intervalles de travail et de repos se poursuivaient tout au long de la journée par un arrangement d'orthographe avec des « mains libres ». Les machines fonctionnaient à un rythme plus rapide qu'auparavant. La tâche de la jeune fille consistait à surveiller 32 000 mètres en une journée ; et si elle obtenait la prime, comme elle l'a fait sans aucune difficulté, elle pourrait gagner 9 dollars par semaine. Le rendement des machines à tendre a été augmenté d'environ soixante pour cent.

Les filles aux machines à tendre ont loué avec enthousiasme le système de bonus. Ils ont dit qu'ils ne supporteraient pas de revenir à l'ancienne méthode de travail ; que maintenant le travail était plus facile et plus intéressant qu'auparavant, et que le salaire et les horaires étaient meilleurs. L'une des "mains libres" m'a montré, comme souvenir d'une nouvelle ère dans les machines à accrocher les preneurs, le bout de papier écrit que l'ingénieur en efficacité lui avait remis, lui expliquant comment organiser les intervalles de repos et comment commencer. le « repos » avec une fille différente chaque samedi – une journée de cinq heures – afin que les mêmes filles n'aient pas trois intervalles de repos chaque samedi.

Mais dans une autre partie de l'usine, les employées des machines à tendre avaient souhaité regrouper leurs périodes de repos et les prendre en tout par périodes de cinquante minutes au milieu de la matinée et de l'après-midi. Ici, les intervalles entre les « mains libres » sur les machines tombaient maladroitement et ils étaient obligés de travailler trop longtemps. Les filles étaient épuisées par la monotonie de ces longues périodes de travail ; et se fatiguaient encore davantage à broder et à coudre des travaux de fantaisie pendant les longues périodes de repos. Ici, les filles étaient beaucoup moins contentes que dans les autres départements. [50]

Une fois que le tissu est sec et passé dans des machines de calandrage où des hommes sont employés, il est mis en longueurs par une machine de triage ou une « talonneuse ». Aux machines de triage, les filles se tiennent sous le cadre et tiennent les bras en bois qui mesurent le tissu d'avant en arrière. Les travailleurs ici gagnaient 7,50 dollars par semaine. Ils surveillent la machine, marquent les défauts de certains types de tissu en insérant des bouts de papier, arrêtent la machine lorsque le matériau est épuisé et soulèvent la pile de tissu mesuré jusqu'à une table où elle est récupérée par les coupeurs, les plieurs et les inspecteurs. .

Après que le système de bonus ait été introduit sur les machines où les matériaux les plus lourds sont mesurés, les machines de triage ont toutes été élevées sur de petites plates-formes, de sorte que le tas une fois terminé soit au niveau d'une table adjacente, et que l'ouvrier n'ait pas besoin de soulever et de transporter le poids lourd du tissu sur la table, mais pourrait faire glisser l'ouvrage. La machine fonctionnait plus rapidement. La tâche a été augmentée à environ 35 000 mètres, soit d'environ 155 pièces à environ 610. Le salaire avec la prime était désormais d'environ 10 $ à temps plein et les heures ont été réduites de 45 minutes, comme pour les machines à tendre .

L'ouvrière arrête l'engin de triage en jetant son poids sur son pied droit, sur une pédale vers la droite. Les filles interrogées ont déclaré qu'elles ne ressentaient pas cela comme une contrainte, car elles avaient le don de le faire facilement. Cependant, après avoir consulté un médecin du quartier , il a été constaté qu'au cours des dix dernières années, plusieurs femmes, tant sur les machines de triage que sur les machines à tendre , s'étaient mises à rude épreuve, probablement à cause du pas sur la machine de triage et à cause de la position assise légèrement tordue des plus âgées . machines nécessaires. Le nombre de ces cas imputables à un processus de travail donné n'a pas augmenté sous le nouveau système. En revanche, le nombre total de ces cas dans l'usine avait soit diminué grâce au nouveau système, soit n'avait pas été suivi par ce médecin. Il estime cependant qu'il y a eu une réduction du nombre de cas et que cette réduction était imputable à l'amélioration de l'état de santé général obtenue grâce à des horaires plus courts, une meilleure ventilation et de meilleures conditions et appareils de travail.

Avec l'aimable autorisation de "Génie Industriel"

LA MÉTHODE HABITUELLE POUR FOURNIR DU MATÉRIEL AU MAÇON

La tâche accrue de la machine de triage semble avoir augmenté le risque d'accident. Un couteau s'étend sur le côté de la machine ; et lorsque l'attention de la jeune fille est concentrée sur son travail, elle rapproche parfois ses doigts trop près de la lame et les coupe, bien qu'on ne connaisse ici aucun cas de perte d'un doigt ou de blessure grave.

Les filles restent toute la journée devant la machine de triage et pendant la plupart des processus de préparation qui s'ensuivent. Il s'agit de divers arrangements d'inspection, de comptage des chantiers, de pliage en « plis de livres », de matériaux doublés ou de « plis longs » sur toute la largeur, de billetterie et de tamponnage, d'attachement des lisières avec du fil de soie ou de les attacher à du papier d'emballage. au moyen d'un petit instrument appelé nœud-niveau - ce processus est appelé nouage - attacher avec des rubans, coller des bandes de ruban de tissu argenté, étiqueter et tamponner davantage, et faire passer les séries de billets indiquant les plusieurs mètres de chaque pièce à travers un machine à additionner, qui produit ensuite sur une carte estampillée le nombre total de mètres de chaque envoi, avant qu'il ne soit finalement expédié en toute hâte.

Le processus d'inspection est différent selon les différentes qualités de matériaux. Avant que le tissu ne soit blanchi, le nombre de mètres et le caractère du traitement pour chaque pièce sont spécifiés sur des commandes timbrées émises par la salle de planification et envoyées avec le tissu à travers les processus de production. Autant dire ici que plusieurs filles ont été promues du travail manuel pour travailler dans cette salle de planification, où elles tamponnent les commandes, avec une prime à des taux différents, leur donnant un salaire d'environ 10 $ par semaine à temps plein au bureau. heures de 8 heures par jour. [51]

L'inspecteur qui reçoit les balles des machines de triage compte maintenant le nombre de mètres et coupe la balle conformément à ces instructions. Elle inspecte certains matériaux mètre par mètre pour détecter les imperfections et la saleté. Après avoir marqué les mètres sur le morceau coupé, elle l'envoie dans le dossier s'il est propre, et s'il est taché, aux filles qui lavent les taches et repassent le tissu. [52] Sur d'autres matériaux, les imperfections sont marquées par la jeune fille à la machine de triage, par l'insertion de bouts de papier. Comme l'inspecteur a moins de travail sur ces pièces, non seulement elle les compte et les coupe, mais elle les plie.

Avant l'introduction du système de bonus, une fille plie, inspecte et délivre des tickets. Elle transportait également son matériel depuis une table près de la machine de triage. Les garçons apportent désormais le matériel, sauf là où, dans les machines de triage pour les objets plus lourds, il est poussé le long de la table. Les horaires, comme pour la quasi-totalité des salariés bonus, ont été raccourcis de 45 minutes. Le salaire qui était de 7,50 $ par semaine se situe maintenant entre 10 et 11 $ à temps plein. Presque tous les travailleurs ici ont déclaré qu'ils préféraient de loin le système de primes et qu'ils n'apprécieraient guère de retourner à un autre travail.

Mais lorsqu'il s'agissait de matériaux plus lourds, le travail était fatigant, et encore plus fatiguant avec le nouveau système qu'auparavant, car le nombre de pièces soulevées avait été augmenté. Cela a été dit alors qu'il y avait une intention d'équité de la part de la direction dans l'organisation du travail ; elle n'était parfois pas également répartie pendant les périodes creuses, les mêmes filles étant licenciées à plusieurs reprises et les mêmes filles étant choisies pour travailler de manière répétée plutôt qu'en alternance.

Dans les processus ultérieurs de pliage, une partie du travail et le levage jusqu'aux piles des objets pliés en livres sont légers, mais nécessitent une grande habileté ; les autres parties des travaux et le levage jusqu'aux pieux sont plus lourds. [53] Le salaire avant l'introduction de la prime était de 7,50 $ par semaine et, avec la prime, il est passé à 11 $ par semaine, à temps plein. Comme pour les inspecteurs, le travail a été désormais rangé dans les dossiers et les heures ont été raccourcies de 45 minutes. Ici, il y avait de grandes variations dans la description du système.

L'une des plieuses consacrées aux travaux légers, une jeune femme merveilleusement habile , qui avait plié 155 pièces la veille et qui en pliait maintenant 887, pouvait courir bien au-delà de sa tâche sans s'épuiser et gagner jusqu'à 15 dollars par semaine. Elle et certains des travailleurs experts faisaient une pause au milieu de la matinée pour se reposer 10 ou 15 minutes et mangeaient des fruits ou d'autres rafraîchissements légers, et prenaient parfois un autre repos dans l'après-midi.

Une autre ouvrière forte, employée sur des matériaux lourds, même si elle appréciait le système de primes et disait "ça ne pourrait pas être mieux", était restée au travail avec à peu près le même salaire qu'avant, parce qu'elle était un peu en avance sur les autres avant et gagnait 8 $ par semaine; et maintenant, comme son genre de travail lui permettait à peine de l'occuper plus de quatre jours par semaine, elle gagnait encore environ 8 dollars.

Une dossier était rendue très nerveuse par la peur constante de ne pas toucher sa prime. Elle complétait toujours le montant nécessaire ; mais lorsque le système a été introduit pour la première fois, elle restait nuit après nuit sans sommeil. Même si cette insomnie était passée, elle prenait toujours un tonique nerveux pour se soutenir dans son travail ; et ce fut le cas avec un autre dossier. Les mères de ces deux filles les ont exhortées à reprendre le travail hebdomadaire. Mais c'était de mauvaise qualité – des bric-à-brac – et les filles ne l'aimaient pas et persistaient dans le nouveau système.

En attachant des rubans autour des boulons de tissu, les filles s'assoient au travail. Leur salaire était de 1 $ par jour pour nouer environ 600 rubans ; et maintenant, avec une prime pour 1 200 pièces, elle peut parfois atteindre 11 dollars pour les travailleurs rapides. Mais nouer le ruban n'était pas un travail régulier. Il n'est appliqué qu'à une partie du matériel, et la tâche et le bonus ici sont intermittents. Les filles qui nouent ou font passer des fils de soie à travers les lisières, collent des rubans de guirlandes et enveloppent sont plus jeunes que les autres ouvrières. Leur salaire était auparavant de 5,80 $ à 6 $ par semaine. Maintenant, ils dépassent dans certains cas 8 $; dans d'autres, environ 7 $; dans d'autres, environ 6 $. L'œuvre leur parvient dans un meilleur état qu'auparavant. Ils disaient que c'était plus intéressant et que la principale difficulté était de soulever de temps à autre un plus grand nombre de pièces lourdes en tas. Des sièges étaient prévus pour ces ouvriers, à l'exception de ceux de la ferblanterie ; et s'ils se rendaient compte qu'ils étaient capables d'accomplir la tâche facilement, ils s'asseyaient au travail. Aux travaux les plus pénibles, la fille au jardinage, la plieuse, la noueuse et la billetteuse travaillaient toutes en tandem, et si la fille au jardinage perd son bonus, toutes les filles perdent le bonus.

Dans le dernier processus de tamponnage et d'émission des billets, les jeunes filles travaillent sans un mouvement superflu, avec une habileté très attrayante à voir ; et ici comme lors du pliage des livres justifient l'affirmation de la direction scientifique selon laquelle la rapidité est fonction de la qualité.

Le salaire ici était auparavant de 6 dollars et se situe désormais entre 9 et 10 dollars à temps plein. Comme la tâche précédente avait été combinée avec divers autres processus, il était, comme dans d'autres cas, impossible de déterminer dans quelle mesure le travail de chaque travailleur avait été augmenté. La tâche actuelle consistait à billetter 39 paquets de 5 pièces chacune par heure, avec des tarifs différents pour différentes quantités de billets, et n'était pas du tout considérée comme une contrainte. Mais lors de la billetterie liée aux machines à additionner, le travail n'était pas aussi soigneusement différencié. La plus grande partie du travail pénible incombait à ces billetteurs, et le levage était parfois trop épuisant. Mais le travail était meilleur qu'autrefois, et les salaires de 9 à 10 dollars étaient jugés justes, si un taux plus élevé avait été ajouté ici pour les travaux les plus pénibles.

III

Tout ce travail décrit au crochetage des rame , au dépotage, au pliage, à l'inspection et à la billetterie, était d'un caractère différent de celui effectué sous le système des primes et des tâches dans une grande salle où étaient fabriqués les draps et les taies d'oreiller. Ce travail constituait le seul exemple d'application de la gestion scientifique aux processus impliqués dans les grands métiers de l'aiguille et présentait, à ce titre, un intérêt particulier.

Le tissu blanc est apporté par camion aux filles, qui le déchirent en morceaux, conformément aux ordres écrits reçus avec chaque envoi. Ils coupent le tissu avec des ciseaux, placent la coupe contre le bord d'un couteau droit, placé à une hauteur convenable sur un banc, et tirent les deux côtés du tissu de manière à ce que le couteau se déchire uniformément jusqu'au bout ; Ensuite, ils tamponnent le matériau, le plient et le placent sur un camion pour le transporter jusqu'à l'égout mécanique. Le salaire hebdomadaire avant l'introduction de la prime était de 5,98 dollars et s'élève désormais, avec la prime, à 6,75 dollars, même si les travailleurs déchiraient parfois plus que les 1 190 feuilles requises par la tâche et gagnaient entre 7 dollars et 7,50 dollars par semaine de travail. Les travailleurs rapides s'arrêtaient parfois 10 ou 12 minutes le matin et prenaient un déjeuner léger. La tâche était pénible pour les muscles de la main et de l'avant-bras et risquait de provoquer un gonflement des doigts et des poignets tendus, bien que les filles se lient les poignets pour éviter cela. Tout le travail s'est fait debout. L'amidon détaché qui volait ici était ennuyeux, tant pour les déchireurs que pour les filles travaillant aux machines à coudre.

Depuis l'enquête, toutes les filles impliquées dans l'arrachage ont été relevées et transférées à d'autres postes, et le travail d'arrachage a été effectué par des hommes.

Ici, les draps sont retournés et ourlés par des ouvrières qui cousent en tandem, une fille finissant l'ourlet le plus large et l'autre le plus étroit, leur tâche étant de 620 feuilles par jour. Les filles aux machines gagnaient auparavant 7,50 $, et gagnent maintenant avec la machine réglée à une vitesse plus élevée de 8 $ à 11 $. Ils s'arrêtent 10 minutes le matin, nettoient les machines et débarrassent les déchets autour d'elles. La couture et le fait de se baisser sont monotones, et le travail rémunéré ici est susceptible de provoquer de la nervosité, à cause de l'incertitude occasionnée par les fréquentes pannes des machines. [54]

Il y a une pièce sur un côté du département, où les jeunes filles devaient se reposer lorsqu'elles avaient accompli leur travail. Mais le contremaître actuel, ne comprenant pas le système, vient aux toilettes et les fait ressortir en toute hâte, même une fois les 620 feuilles terminées. [55] Une des filles du département, une Italienne qui courait bien au-delà de sa tâche à la machine, était tombée malade à cause de la tension du travail, ou du moins avait quitté l'usine avec un air extrêmement malade et en disant qu'elle était en panne. et ne pouvait pas rester. Un autre résultat malheureux de la vitesse des machines à coudre est que les filles sont plus enclines qu'auparavant à passer les aiguilles entre leurs doigts.

Le repli dans ce département est également épuisant, et la direction essaie de trouver un meilleur système pour mener ce processus que celui actuellement utilisé. Ici, les dossiers se penchent, ramassent les feuilles et les plient dans le sens de la longueur et de la largeur. La tâche est de 1 200 par jour ; et le salaire avec la prime se situe entre 6 et 7 dollars par semaine. Mais une fois la prime gagnée, le paiement n'est, pour une raison quelconque, pas assuré de manière appropriée pour le travail au-delà de la tâche. Une ouvrière a déclaré qu'elle avait l'habitude de plier une ou deux pièces au-dessus du montant sans aucune objection, mais dernièrement, elle en avait plié jusqu'à 200 au-delà, sans paiement.

Des dossiers, les feuilles sont emportées vers un mangle, où elles sont repliées par les jeunes filles. Le travail est léger, mais le paiement de 5,80 à 6 dollars pour 770 pièces par heure est faible. Le mangle est bien gardé. Grâce à un excellent agencement ici, le matériel est empilé sur un petit ascenseur, de sorte que la fille au mangle n'a pas besoin de se baisser ou de soulever, mais ajuste facilement l'ascenseur, de sorte qu'elle puisse alimenter le mangle de la pile à sa convenance. La jeune fille en difficulté peut gagner entre 7 et 8 dollars et n'est en aucune façon fatiguée par son travail.

Le tamponnage final, l'emballage dans du papier et le nouage avec une corde sont effectués à raison de 25 pièces par heure, pour un salaire de 6 dollars par semaine, par des jeunes filles ; et la situation est par ailleurs à peu près la même qu'avec les autres wrappers.

Sauf en ce qui concerne le problème, le fonctionnement de l'usine de draps et de taies d'oreillers n'a pas satisfait la direction, qui avait commencé à étudier la réorganisation du département juste avant le moment de l'enquête. La concurrence avait tellement fait baisser le prix de fabrication des feuilles que les commissionnaires, pour lesquels ces procédés décrits étaient exécutés, payaient 25 cents la douzaine de feuilles pour le travail. Bien entendu, cela n'inclut pas le coût initial du matériel. Cela signifie cependant que tous les types suivants d'entretien des machines et de travail manuel sur une feuille devaient être effectués pour 2½ cents :

- Déchirure; (hommes travailleurs)

- Faire l'ourlet; (travailleuses)

- Pliant; (travailleuses)

- Mutilation; (travailleuses)

- pliage de livres; (travailleuses)

- Emballage ; (travailleuses)

- Billetterie; (travailleuses)

Ici, la direction a perdu sa rémunération pour le travail, et pourtant elle a estimé que le travail était trop dur pour ses travailleurs et qu'il fallait le changer. Des modifications des périodes de repos sont désormais introduites. Pour les jeunes filles, le système de travail au moment de l'enquête dans l'usine de draps et de taies d'oreillers, sauf pour la couture, était sans doute plus épuisant que l'ancienne méthode, bien que leurs salaires aient été augmentés et leurs heures de travail raccourcies.

En général , dans l'établissement de finition de tissus, la direction scientifique avait augmenté les salaires.

Les horaires étaient réduits.

En ce qui concerne la santé et la fatigue, à l'extérieur de l'usine de tôles, lorsque l'on a passé au crible la vague impression générale selon laquelle le nouveau système était plus épuisant que l'autre, les faits qui restaient étaient minces et se composaient des exemples mentionnés. Une quarantaine de jeunes femmes m'ont raconté leur expérience du travail. Parfois, leurs mères et leurs pères m'en parlaient. Tous ceux dont la santé avait souffert sous cette nouvelle tâche avaient été épuisés par quelque ancienne difficulté restée sans solution. Ce point sera examiné par rapport au travail des autres ouvrières des autres maisons après les récits de leur expérience de Direction Scientifique.

IV

Il y a plus de 600 travailleurs dans la filature de coton du New Jersey. Parmi eux, 188 sont des femmes. Cent dix ouvrières sont actuellement engagées sous le système des primes et des tâches, bien que la direction espère employer éventuellement sous ce système tous ses travailleurs et soit dans cet établissement en sympathie marquée avec la direction scientifique. Le moulin est une grande structure en briques bien éclairée, entourée de champs et d'une autre usine d'un côté, à la périphérie d'une ville industrielle. L'établissement est composé d'un bâtiment plus grand et plus récent, bien ventilé, avec de l'air lavé soufflé dans les salles de travail ; et un bâtiment plus ancien, où s'effectue la partie des travaux qui nécessite à la fois de la chaleur et de l'humidité pour empêcher les fils de se briser.

Le coton, qui est d'une qualité extrêmement fine, arrive au bâtiment de récolte en grandes balles en provenance de notre côte sud et d'Egypte. Il est introduit dans le premier d'une série de nettoyeurs, du dernier duquel il sort en une longue feuille plate, pour passer par les processus de cardage, de peignage, d'étirage et de transformation en mèche. Le produit de cardage est constitué d'une bande très délicate qui, après avoir été passée à travers une trompette et entre des rouleaux, forme un « ruban » de la taille de deux doigts, d'où il sort en un long brin. Ce brin ou ruban est enfilé dans une machine avec d'autres extrémités de rubans et déroulé à nouveau en un brin plus solide ; et ce processus de doublement et d'étirage est répété d'innombrables fois, jusqu'à ce que la mèche finale soit introduite dans une machine qui lui donne une torsion d'un pouce et l'enroule sur une bobine. Il existe trois sortes ou étapes de torsion et d'enroulement des mèches sur ces machines, et dans la dernière, les « speeders », des femmes sont employées.

Jusqu'à présent, tous les travailleurs étaient des hommes. Ces speeders se trouvent dans les salles de cardage, qui sont grandes et hautes, remplies de grandes courroies actionnées par le haut et de machines placées dans de longues allées, où les ouvriers se tiennent debout et marchent pour leur travail. Des tuyaux d'humidification traversent la pièce et des jets d'eau sortent de leurs bouches d'aération. Les fibres pelucheuses sont constamment brossées et essuyées par les ouvriers, mais il reste encore beaucoup de peluches dans l'air. La chaleur, le vrombissement des machines, la lourdeur de l'atmosphère et les peluches sont d'abord accablantes pour le visiteur. Alors que beaucoup de filles disent s'habituer à ces conditions, d'autres ne peuvent plus travailler dans ces conditions et s'en vont après quelques jours, parfois quelques heures d'essai. [56]

Les speeders se tiennent à une extrémité d'une longue rangée de 160 bobines et surveillent une rupture dans les lignes parallèles de 160 fils, et tordent les deux extrémités ensemble lorsque cela se produit. La plupart des speeders gagnaient 6 dollars par semaine. Mais deux ou trois femmes, travaillant à la pièce, gagnaient environ 9 dollars et gagnaient presque deux fois plus que les autres travailleuses. Les speeders avaient des aides qui les aidaient à enfiler l'arrière de la machine et à retirer et placer les bobines devant. Le changement ou « doff » a duré environ 20 minutes. Cela se produisait généralement cinq fois dans la journée de la meilleure travailleuse et consommait ainsi une heure et quarante minutes de son temps de travail. Les heures de travail à la filature de coton sont de dix heures et demie par jour, dont cinq heures et demie le samedi, soit 58 heures par semaine.

Afin de déterminer la tâche appropriée des excès de vitesse, une étude temporelle a été réalisée sur le travail d'une des ouvrières les plus compétentes, que l'on peut appeler Mme MacDermott, une Écossaise forte et habile, qui avait été employée à la vitesse dans le moulin depuis 14 ans. Mme MacDermott était employée pour enseigner aux autres speeders comment accomplir le même montant en même temps. Les filles enfilent désormais l'arrière des machines avec son aide. Mme MacDermott, le speeder tendre elle-même et les garçons de doff, travaillant tous ensemble, retirent les bobines et remplissent le cadre, accomplissant ainsi le changement en 7 minutes au lieu de 20 minutes. Les filles sont payées, tout en apprenant de meilleures méthodes auprès de Mme MacDermott, à leur ancien taux d'un dollar par jour. S'ils accomplissent la tâche qui leur est assignée, ils reçoivent un dollar par semaine de plus, forfaitairement, une prime équivalente à quelques centimes par livre sur chaque livre reçue par la direction ; ce qui porte le salaire à 1,65 dollars par jour, soit entre 8 et 10 dollars par semaine. Le travail ne fatigue pas plus les filles qu'avant. Ils reçoivent environ trente pour cent de salaires en plus, et la direction reçoit des excès de vitesse un rendement presque deux fois plus élevé qu'auparavant. Le salaire de Mme MacDermott en tant qu'enseignante a été augmenté à 12 $.

Depuis les speeders, les doff boys envoient la mèche - appelée mèche fine dans le moulin, car les autres mèches des opérations précédentes sont plus grossières - à l'étage du bâtiment le plus ancien vers les filateurs. La rotation est une tâche plus difficile que la vitesse. Deux mèches sont ici retordues ensemble par les machines. Les filateurs ont 104 bobines sur un côté d'un cadre, surveillent les cassures et changent les bobines sur trois cadres, ou six « côtés ». Autrefois, les fileurs travaillaient à la pièce et, en surveillant huit côtés et en effectuant souvent le travail de manière très imparfaite, ils gagnaient environ 9 dollars. Après une étude du temps, la tâche a été définie sur six côtés et supprimée selon le calendrier. Avec la prime, le salaire hebdomadaire des filles s'élève à environ 10 dollars. Dans le département de filature, il y a une école pour filateurs. Les dirigeants reçoivent un dollar pour chaque diplômé qui apprend à accomplir la tâche et une prime.

Le fil est transporté des filateurs aux bobineurs et enroulé des bobines aux bobines pour faciliter la manipulation. Le travail des vendeuses de bobines semblait à l'auteur de cet article être le travail le plus pénible pour les femmes de cette filature de coton. Les bobines s'épuisent très rapidement et nécessitent un changement constant. Les filles surveillent le fil pour qu'il ne se casse pas, comme sur les autres machines. Pour remplacer les bobines et fixer les fils cassés avec un nœud, les filles doivent se baisser presque jusqu'au sol. Avant que l'étude du temps ne soit effectuée, les filles regardaient 75 bobines, se précipitant de haut en bas sur les côtés, se penchant perpétuellement de haut en bas pour ce travail. Certains des soumissionnaires en bobine disposaient de 6 $ par semaine pour le travail à la pièce ; d'autres, des travailleurs plus expérimentés, pouvaient gagner 10,50 dollars à la pièce, même si le travail était souvent insatisfaisant et comportait des détails en suspens. Une petite Italienne, qu'on peut appeler Lucia, ouvrière extrêmement rapide, courait follement d'un bout à l'autre du châssis et, pendant l'été, s'évanouissait plusieurs fois d'épuisement au travail. Une étude du temps a été tirée du travail d'une jeune Polonaise très habile et de Lucia. Les autres conducteurs apprirent à travailler avec la même rapidité et purent bientôt gagner, avec la prime et le travail effectué au-delà de la tâche, une somme qui portait leur salaire à près de 12 dollars par semaine.

Cela a duré environ deux mois. Mais le travail était si mal fait et les bobines étaient si pleines d'extrémités libres, non liées, etc., que le nombre de broches à entretenir fut réduit de 75 à 50 et que les machines fonctionnaient à une vitesse inférieure. La tâche a été modifiée en conséquence, de sorte que le salaire du travailleur, simplement avec la prime, soit resté le même qu'avant. Mais elle n'a pas pu dépasser la tâche comme elle l'avait fait auparavant. Grâce à l'attention constante des ouvriers, le travail s'améliorait désormais en qualité, mais la limite de quantité était, bien sûr, plus basse. Le salaire avec prime est retombé à un excédent plus petit, soit 1,47 $ par jour. C'était bien sûr décourageant, même si Lucia disait que c'était mieux, elle était tellement moins fatiguée par le travail qu'avant. Mais le travail reste sans aucun doute très fatiguant et difficile. Les spoolers accordent toujours une attention incessante à leur travail, font toujours de leur mieux, et pourtant, grâce à une application minutieuse, ils gagnent bien moins que ce à quoi ils s'étaient habitués à s'attendre, à juste titre ou à tort. [57] La tâche est désormais de 12 retraits par jour, chaque retrait nécessitant un changement de 208 bobines. De sorte que, rien que pour changer les bobines, les filles doivent se baisser plus de 2000 fois par jour, sans compter tous les efforts pour faire des nœuds, ce qui, selon la contremaître, équivaudrait à peu près au travail de pliage et de changement de bobine. Elle avait discuté avec la direction de la possibilité de relever les cadres, afin d'éliminer ce processus épuisant consistant à se baisser pour travailler pour les enrouleurs. Ce changement a été réalisé sur deux machines et sera sans doute étendu. [58]

Lors des opérations ultérieures de torsion et de retordage du coton, processus qui succèdent au bobinage, des hommes sont employés. De là, le fil est acheminé vers la salle de bobinage du bâtiment le plus récent, où l'air et la température sont meilleurs que dans les salles de cardage et de filage. La salle sinueuse est grande et lumineuse. D'un côté se dressent les chaînes, très hautes et intéressantes à voir, avec leurs lignes de filaments délicats et leurs hauts niveaux de bobines. Dans la salle de bobinage, les filles travaillent sur des machines qui enroulent le fil des bobines en bobines pour le remplissage des métiers à tisser et également pour la chaîne.

En enroulant les bobines de remplissage , les filles surveillent le fil de dix-huit bobines, remplacent et arrêtent les bobines en appuyant sur les pédales. Le travailleur gagnait entre 7 $ et 7,50 $ par semaine avant qu'une étude de temps ne soit entreprise et que la tâche ait augmenté. Elle peut désormais gagner entre 8 et 10,50 dollars par semaine. Le travail est allégé pour elle du fait que, alors qu'autrefois elle plaçait les bobines sur la chaîne, les peigneurs le font désormais à sa place. Mais le piétinement accru des pédales rendu nécessaire par l'ampleur de la tâche est très fatiguant.

Il n'y a pas de femmes en prime dans l'atelier de tissage, où sont désormais transportés la chaîne et le garnissage. Une fois que le produit tissé sort de la salle de tissage (un matériau extrêmement lourd et résistant de la plus haute qualité, utilisé pour les tissus filtrants et les pneus d'automobile), il est suspendu dans une grande salle de finition du bâtiment le plus récent au-dessus d'un écran de verre éclairé par seize lumières électriques. qui transparaissent à travers la texture de la matière et révèlent ses moindres défauts. Après avoir été roulé sur l'écran, il est envoyé aux jeunes filles qui remédient à ces défauts par des travaux d'aiguille.

Il est à nouveau passé sur l'écran éclairé par les inspecteurs et restitué aux filles s'il présente encore des défauts. Avant l'application du système de bonus, les filles gagnaient 5,04 dollars par semaine et terminaient environ 5 rouleaux par jour. Une fois le système appliqué, ils gagnaient entre 7 et 8 dollars et faisaient parfois 10 et parfois 12 rouleaux par jour. Mais, malgré le plus grand soin de M. Gantt à standardiser la qualité dans ce département, ici, comme pour les appels d'offres en bobine, l'exigence de qualité avait récemment provoqué une baisse temporaire des salaires. Ce changement d'exigence a été provoqué, non pas comme pour l'entretien de la bobine, par la négligence des ouvriers, mais par le caprice quelque peu déraisonnable d'un client. Les nœuds de la texture, autrefois cousus, sont désormais coupés et fixés différemment. Apprendre ce processus signifiait un travail tout aussi dur pour les filles et les ramener temporairement à leur ancien tarif journalier, [59] bien qu'ils soient récemment devenus suffisamment rapides dans le nouveau processus pour gagner le bonus aussi bien qu'avant.

Dans l'ensemble, les salaires des ouvrières de la filature de coton avaient été augmentés par la direction scientifique.

Leurs horaires n'ont pas été modifiés. Celles-ci étaient dans tous les cas de 10½ par jour et de 5½ le samedi. Il n'y a pas eu d'heures supplémentaires. Mais cinq soirs par semaine, les femmes préparant le fil pour le lendemain travaillaient à grande vitesse et filaient de six heures du soir à six heures du matin, avec une demi-heure pour le déjeuner à minuit. Cette disposition avait toujours été la coutume du moulin. Les filles rentrent chez elles à six heures pour le petit-déjeuner, dorment jusqu'à quatre heures et demie environ, se lèvent, s'habillent et dînent, et retournent travailler au moulin à six heures. Les travailleurs de nuit que j'ai visités avaient travaillé la nuit dans d'autres usines de la Nouvelle-Angleterre avant de travailler dans le New Jersey. En effet, leur seule idée du travail était le travail de nuit ; et s'il était fermé dans un moulin, ils le cherchaient dans un autre. L'une des plus jeunes filles, une intelligente petite Hongroise de 17 ans, qui vivait dans ce pays depuis seulement 3 ans et parlait à peine anglais, connaissait l'Amérique simplement comme un pays de travail de nuit et de dimanche et y avait passé toute sa vie comme une petite taupe. Le propriétaire actuel, le directeur et le chef du service de planification n'aimaient pas vraiment le travail de nuit des femmes et disaient qu'ils souhaitaient s'en passer. Mais ils n'avaient pas pu organiser leur production de manière à opérer ce changement, bien qu'ils entendaient l'inaugurer le plus rapidement possible.

En ce qui concerne la santé et la conservation des forces des ouvrières de l'usine sous direction scientifique, le travail des contrôleurs de vitesse et des femmes chargées de l'inspection des tissus ne fatiguait pas plus les jeunes filles qu'auparavant. Dans l'entretien et le remontage de la bobine, comme les deux opérations les plus épuisantes de chaque processus, se baisser et taper sur les pédales, avaient été augmentées par la tâche accrue, l'épuisement des ouvriers était accru. Mais le travail de la petite vendeuse de bobines mentionnée ci-dessus fut finalement arrangé de manière à la laisser en meilleure santé qu'à l'époque où elle travaillait aux pièces, et la direction s'efforçait maintenant d'éliminer le fait de se pencher sur les bobines. Au filage, presque tous les filateurs ont trouvé le travail plus facile qu'auparavant, probablement parce que la direction scientifique exige que la supervision et l'assistance des machines soient les meilleures possibles. Il ne faut pas oublier que l'adaptation des conditions dans l'usine est ici relativement nouvelle. Presque toutes les filles disaient : "Ils ne vous conduisent pas au moulin. Ils vous facilitent la tâche autant qu'ils peuvent." Il a été particulièrement précieux d'observer le fonctionnement de la Direction Scientifique dans un établissement où toutes les conditions industrielles sont difficiles pour les femmes. Comme dans le cas de la couture d'électroménager pour l'établissement de finition de tissus, ces conditions industrielles sont malheureusement contrôlées dans une large mesure par la concurrence et par les habitudes tant de l'employeur que des salariés. Le meilleur présage pour la conservation de la santé des ouvrières sous direction scientifique de la filature de coton a été l'entière équité et la franchise dont a fait preuve la direction face à des situations défavorables pour la santé des ouvrières et sa sincère intention d'apporter les meilleurs réajustements possibles .

V

L'application de la gestion scientifique au travail des femmes dans l'usine de blanchiment du Delaware était très limitée, ne s'étendant qu'à environ 12 filles, toutes employées au pliage et à l'emballage du tissu. [60] L'usine, située à la périphérie d'une charmante vieille ville du Delaware, est un énorme et pittoresque tas de ciment, s'étendant comme un bastion le long de la rivière Brandywine, avec ses fenêtres donnant sur la rive boisée du ruisseau.

Les filles se tiennent dans une grande salle, devant des tables remplies de gros rouleaux de tissu, tamponnent des tickets et des cartes de style, les attachent au rouleau, replient les bords bruts du tissu en un tour, nouent deux morceaux de ruban autour du boulon. , enveloppez-le dans du papier, tamponnez et attachez d'autres billets, puis attachez-le avec un cordon pour l'expédition. Ici, après une étude du temps réalisée auprès des filles les plus rapides dans toutes les opérations, différentes tâches ont été définies pour différents poids de matériel ; et si la tâche était accomplie, une prime était versée, équivalant en gros au quart du salaire horaire de l'ouvrier. La disposition des différents processus était si différente pour chaque travailleuse, après et avant l'installation du système, qu'aucune des filles ne pouvait comparer les différentes quantités de travail qu'elle accomplissait à différents moments. Mais la production totale, en partie grâce à un meilleur acheminement du travail vers les tables et en payant aux garçons qui l'apportaient une prime de 5 cents pour chaque ouvrière qui gagnait sa prime, fut augmentée de vingt-cinq à cinquante pour cent.

Les horaires des filles ont été réduits de 10¼ par jour avec heures supplémentaires fréquentes jusqu'à 21 heures du soir à 9¼ par jour sans heures supplémentaires, la demi-congé du samedi restant inchangée. Voici une liste des changements dans le salaire hebdomadaire. Le travail au moment de l'enquête était faible. Parfois, il n'y avait que quelques heures dans la journée pour emballer un type de travail sur lequel la tâche et la prime étaient appliquées. De plus, ces ouvriers se trouvaient au sein d'un établissement géré par un autre système. La prime était versée sur la base de l'ancien salaire. Et cela reste plus faible dans le cas des travailleurs employés moins d'années par l'entreprise, même si leur tâche est parfois la même que celle des travailleurs employés plus longtemps. Là où les filles emballaient les matériaux les plus lourds et les plus légers, la part de ceux-ci était entre les mains d'un sous-contremaître qui, au lieu d'être dans la nouvelle position d'un enseignant récompensé pour avoir aidé chaque ouvrière à gagner sa prime, était en charge. l'ancienne position de distributeur de faveurs. La lenteur du travail avait amené la direction, dans un effort volontaire pour subvenir au mieux aux besoins des employés, à placer plusieurs jeunes filles d'autres départements sous ce sous-contremaître. L'une de ces filles les moins fortes et les moins expérimentées, au moment de l'enquête, recevait une telle quantité de travail pénible qu'elle ne pouvait accomplir que suffisamment de tâches pour lui permettre de gagner de 3 à 5 dollars par semaine. La politique de l'entreprise était paternaliste et, même si, à bien des égards, elle faisait preuve d'une véritable gentillesse, elle n'était en général pas de sympathie pour la direction scientifique, bien que le surintendant soit un partisan total et constant du nouveau système. Mais il n'avait pas pu, à lui seul, réaliser tous les ajustements nécessaires, malgré l'augmentation considérable de la production que les nouvelles méthodes avaient déjà obtenues pour l'entreprise.

	PAR SEMAINE	AUPARAVANT
Pliage et billetterie sur matériel léger	5 à 6 $	4,84 $
Pliage et billetterie sur matériel léger	5 à 6	4,84
Envelopper du matériel léger	6 à 7	4.56
Envelopper du matériel léger	7 à 8	4,84
Emballage de matériaux légers et lourds	6 à 6h50	4.56
Emballage de matériaux légers et lourds combinés à un nouage de serviettes	6 à 7	4,84
Pliage et billetterie de matériel léger et lourd	5 à 6	4,84
Pliage et billetterie de matériel léger et lourd (peu habitué au travail)	4,59 (une fois 6,69)	4.56
Pliage et billetterie de matériel léger et lourd (peu habitué au travail)	5	4.56
Pliage et billetterie de matériel léger et lourd (peu habitué au travail)	3 à 5	7

(dans un autre département)

Même en tenant compte du manque de travail, ces augmentations hebdomadaires pour une vitesse et un travail de premier ordre, même si dans de nombreux cas le travail était léger, ne peuvent que paraître minimes. Toutes les filles vivaient dans de jolies maisons et des endroits agréables.

Tous sauf un étaient avec leur famille. La ville possède un marché ouvert. Les gens de tous niveaux de revenus vont correctement au marché avec des paniers de marché, choisissent des aliments d'excellente qualité et ont des légumes frais tout au long de l'hiver. Les dames de la maison, les mères des filles, conservent les fruits, des fraises de juin au beurre de pomme d'automne, et les exposent fièrement rangée après rangée de bocaux en verre. Mais le salaire des filles ne suffisait pas à supporter de telles conditions de vie. La jeune fille qui était en pension, et dont le salaire était parfois de 5 dollars par semaine, ne pouvait pas toujours payer sa facture de pension et n'avait presque plus rien pour d'autres dépenses. [61]

En ce qui concerne la santé et la fatigue, la principale difficulté ici, comme à l'usine de finition des tissus, était de soulever des pièces de tissu plus lourdes. Deux des filles avaient souffert, depuis l'introduction de la prime et de la tâche, de ces efforts. L'un d'eux est resté malade à la maison pendant une semaine et se porte maintenant très bien. L'autre fille a été absente pendant deux mois et, bien qu'elle soit maintenant au travail, elle n'a pas complètement recouvré sa santé. L'entreprise avait immédiatement obtenu un emploi moins pénible pour la première de ces jeunes filles, et la seconde affirmait que l'entreprise avait toujours été équitable avec elle dans l'organisation du travail. On a dit que M. Gantt avait eu l'intention de confier le travail le plus lourd aux hommes et aux garçons, au lieu de le combiner avec les tâches plus importantes que les filles accomplissent désormais dans le nouveau système. Mais le département n'a jamais pleinement réalisé son intention et, malheureusement, depuis le départ de M. Gantt, une quantité bien plus importante de matériel lourd a été commandée à la maison qu'auparavant.

La bonne volonté générale de l'entreprise, le site pittoresque de l'usine, les ateliers de travail agréables et les conditions de vie attrayantes des ouvriers du Delaware leur donnaient une occasion extraordinaire de poursuivre sainement leur travail. Mais en raison de son adoption incomplète, la gestion scientifique, même si elle avait réduit les horaires et, dans la plupart des cas, augmenté les salaires, s'était révélée moins utile aux travailleurs qu'à ceux qui se trouvaient dans la situation industrielle plus difficile des filatures de coton.

VI

En général, on peut donc dire que la gestion scientifique des travailleuses dans ce pays, dans la mesure où elle a été appliquée, a entraîné une augmentation des salaires, une réduction des heures de travail et qu'elle a eu des résultats heureux pour la santé des travailleuses dans certains cas et malheureusement dans autres.

Partout où un processus présentait une difficulté qui restait sans solution, si la tâche était multipliée, la difficulté, bien sûr, était multipliée. Peu importe combien le poids d'un chariot est allégé, s'il y a un trou sur la route de son passage, et que la route doit maintenant être parcourue soixante fois par jour, au lieu de vingt fois, comme auparavant, la difficulté physique qui en découle Le trou n'est pas seulement triple, mais, bien qu'il puisse être supporté avec patience vingt fois, il n'est pas seulement une tension musculaire, mais une tension nerveuse à la soixantième. Telle était la situation en ce qui concerne tous les travaux de levage de charges lourdes non soulagés partout où le tissu était manipulé, la situation en ce qui concerne le courbure pour les tendeurs de bobines, l'estampage à la bobineuse, et la courbure et les casses à la machine à coudre. Mais ces points, au lieu d'être ignorés par la direction, étaient sérieusement considérés par les employeurs comme contraires à leurs propres intérêts en combinaison avec ceux de leurs employés, et dans tous les établissements, ils étaient en train de s'adapter.

Selon nous, cet ajustement aurait été inauguré plus tôt dans plusieurs processus et aurait été plus rapide et plus efficace tant dans l'intérêt de l'employeur que dans celui des travailleuses si les difficultés des travailleuses avaient été clairement et équitablement définies par l'organisation professionnelle. Une telle organisation serait également utile pour prévenir les risques de blessures pour les travailleurs dont l'attention, sous la Direction Scientifique, devrait être concentrée sur leurs tâches, et pour soutenir la tendance de la Direction Scientifique à rémunérer le travail absolument en fonction de la quantité accomplie par le travailleur. et pas en dessous d'un certain taux spécifié pour ce montant.

La gestion scientifique appliquée au travail des femmes dans ce pays est bien sûr très récente. Cette synthèse de sa courte histoire est recueillie à partir des déclarations faites par environ quatre-vingts ouvrières, par M. Gantt, et par le propriétaire, surintendant et chef du département de planification de la filature de coton, par le surintendant et l'un des les propriétaires de l'usine de finition des tissus, ainsi que le surintendant et l'un des propriétaires de l'eau de Javel. Ce récit doit être complété par plusieurs observations générales.

La première est qu'il est difficile de déterminer où la santé d'un travailleur a été mise à mal par l'industrie et où par d'autres causes. Tout à fait en dehors des récits mentionnés étaient ceux de deux jeunes femmes employées sous la Direction Scientifique dont la santé était désespérément brisée. Ces deux pauvres filles ont été soumises à des mauvais traitements injustes et oppressifs à la maison. En effet, face à l'oppression familiale, l'une des jeunes filles avait trouvé à plusieurs reprises refuge et protection dans la considération que lui témoignait l'établissement où elle travaillait. Ce n'est pas elle qui imputait son effondrement au nouveau mode de gestion, mais à des personnes dont l'impression de sa situation était vague et manquait de connaissances.

Toute la tendance de la gestion scientifique vers la vérité sur l'industrie, vers la justice, vers un relevé personnel clair du travail, établi sans crainte ni faveur, avait inspiré quelque chose de vraiment nouveau et révolutionnaire dans l'esprit à la fois des directeurs et des ouvrières là où le système avait été inauguré. Presque tous voulaient dire et obtenir, autant qu'ils le pouvaient, la vérité réelle sur l'expérience partout dans le monde. Presque personne ne souhaitait « présenter un dossier ». Ce sentiment de franchise et de coopération exprimé de part et d'autre a semblé à l'auteur de cet article plus émouvant et vital que les gains en salaires et en heures de travail, bien plus graves même que les tensions occasionnelles sur la santé qu'avait parfois causées l'installation imparfaite de la gestion scientifique.

Ces pressions sur la santé des femmes dans l'industrie en Amérique – courbure et monotonie dans tous les métiers de l'aiguille, sauter sur des pédales pour entretenir les machines, humidité et chaleur dans la production de coton, rester debout sans pause pendant de nombreuses heures par jour tout au long du mois, soulever des charges lourdes. poids dans l'emballage et dans la distribution - toutes ces contraintes industrielles pour les femmes constituent de graves questions publiques affectant la bonne fortune de la nation entière et auxquelles il n'est pas possible de répondre en quatre ans, ni par une seule entreprise. C'est sans aucun doute la tendance de la Direction Scientifique à soulager toutes ces tensions.

Personne ne peut voir, même en partie, les complications du travail en usine contemporain, les centaines d'opérations des mains et des muscles humains nécessaires pour mettre sur le marché un seul mètre de tissu de coton, les milliers de fils qui filent et se tordent, les milliers de navettes qui volent, les multiples pliages. et repliant, emballant et attachant, les innombrables filles travaillant, debout, marchant devant ces roues vrombissantes, ces fils tordus et ces tables pliantes hautes et empilées, sans vraiment sentir que notre civilisation est effectivement une civilisation industrielle, et que les conditions de l'industrie non seulement contrôlent complètement la vies d'innombrables multitudes, mais affectent dans une certaine mesure chaque vie dans ce pays aujourd'hui.

Aucun rêve plus beau n'a jamais été rêvé que celui que l'industrie grâce à laquelle vit la nation soit gérée de manière à assurer aux hommes et aux femmes qui y sont engagés leur véritable prospérité et la meilleure utilisation de leurs pouvoirs les plus élevés. Dans l'ensemble, la grande tâche du travail quotidien accompli par notre pays aujourd'hui n'est sûrement pas gérée de la même manière, ni par l'intention ni par le résultat, ni pour les travailleurs, ni pour les détenteurs de dividendes les plus « prospères ». Jusqu'où ira la gestion scientifique pour réaliser son magnifique rêve dans le futur sera déterminé par la grandeur d'esprit et le génie exécutif avec lesquels ses principes sont soutenus par toutes les personnes intéressées par son inauguration, les employeurs, les travailleurs et les ingénieurs. .

[43] Mémoire présenté au nom du Comité de circulation des organisations commerciales de la côte atlantique, p. 70. Louis D. Brandeis.

[44] Il y a quatorze ans, la gestion scientifique était appliquée au travail des femmes dans une entreprise de machines à rouler du Massachusetts. Ici, les heures de travail des femmes ont été réduites de 10½ jours à 8½ jours ; leurs salaires ont été augmentés d'environ 100 pour cent ; et leur rendement est d'environ 300 pour cent. Toutes les femmes bénéficiaient de deux jours de repos par mois, payés. Les travaux consistaient à inspecter des roulements à billes pour vélos. Leur département commercial a cependant fermé ses portes il y a douze ans. Les faits précis autres que ceux énumérés concernant l'expérience des travailleurs en termes d'heures, de salaires et de santé générale sous gestion scientifique sont à ce jour trop peu nombreux pour être valables.

[45] « Efficacité académique et industrielle », par FW Taylor et Morris Llewellyn Cook.

[46] Le soin spécialisé et détaillé nécessaire à une étude pratique et exacte du temps peut être indiqué par la reproduction ci-dessous d'une méthode d'enregistrement utilisée par M. Sanford E. Thompson pour chronométrer les fouilles à la brouette. (Explication. Les lettres a , b , c , etc., indiquent les unités élémentaires de l'opération : "Remplissage de la brouette" = (a); "départ" = (b); "roue pleine" = (c), etc.)

[47] « Efficacité ». Harrington Emerson.

[48] « Travail, salaires et bénéfices », pp. 110 à 111. HL Gantt.

[49] Si le système de primes comme moyen de rémunération a été très souvent utilisé en relation avec la Direction Scientifique, il ne faut cependant pas supposer que ce mode de rémunération constitue à lui seul et en soi la Direction Scientifique. En fait, tel qu'utilisé sans gestion scientifique, il doit être considéré avec une certaine appréhension.

[50] Le travail dans ce département était d'ailleurs plutôt lent à l'époque de l'année où je visitais l'usine, et les salaires de certains de ces ouvriers étaient de 6 dollars par semaine, aussi bas qu'ils l'étaient avant l'introduction de la prime.

[51] La fille qui les dirige et donne les ordres reçoit une prime pour chaque tamponneur gagnant une prime et gagne à temps plein de 12 $ à 15 $.

[52] Ces filles ne sont pas employées dans le cadre du système de primes et de tâches. Mais il est intéressant de constater qu'ils peuvent soit s'asseoir, soit se tenir debout pour repasser, selon leurs préférences.

[53] Les hommes plieurs effectuant les travaux les plus pénibles ici reçoivent désormais une prime de 14 $ à 17 $ par semaine.

[54] Une travailleuse ne perd pas son salaire régulier si elle est arrêtée par un bris. Son carnet de pointage est modifié. Et elle bénéficie d'un crédit au temps pour la période pendant laquelle la machine ne fonctionne pas. Une casse dans la première machine d'une paire tandem arrête les deux égouts. Mais une casse dans la seconde signifie que le travail s'accumule pour la deuxième égoutière, et à moins qu'elle ne se rattrape, elle empêchera son compagnon de toucher une prime, mais pas un salaire au temps.

[55] La direction, après avoir appris cela, a déclaré que cette pratique serait immédiatement arrêtée.

[56] "Le coton, à mesure qu'il pousse dans les champs, se remplit plus ou moins de poussière soufflée.... Des peluches sont émises dans tous les processus, jusqu'au filage compris.... Le seul moyen pratique de réduire la poussière dans toutes ces opérations consistent à balayer et à nettoyer fréquemment le sol et à essuyer les machines. » Rapport sur la condition des femmes et des enfants salariés aux États-Unis. Vol. Moi, p. 365.

"Quel degré d'humidité est admissible en toute sécurité du point de vue de la santé des opérateurs est une question en suspens... Lorsque l'opérateur, après une journée de travail dans une atmosphère humide et relaxante, entre dans une atmosphère relativement plus sèche, l'assaut sur la délicate membrane de les voies aériennes sont acérées. L'effet de ces changements est d'abaisser considérablement la résistance vitale et de rendre l'ouvrier particulièrement sensible aux affections pulmonaires, bronchiques ou catarrhales. Il est très possible que les poussières et les peluches présentes dans le moulin aient été attribuées avec des effets qui sont dus en partie à ces conditions atmosphériques. » Rapport sur la condition des femmes et des enfants salariés aux États-Unis. Vol. Moi, p. 362.

[57] En outre, le travail avait récemment été ralenti, ce qui avait encore fait baisser les salaires.

[58] Depuis sa visite à la filature de coton du New Jersey, l'auteur du présent article a vu des opérateurs de bobines au travail sur une machine ne nécessitant pas de se baisser et munie d'une planche sous les bobines, placée à une telle hauteur que l'ouvrière peut soulager sa position tout en debout en appuyant son poids contre la planche, au-dessus d'un genou puis au-dessus de l'autre.

[59] Dans le même temps, le travail était ralenti, de sorte que le salaire hebdomadaire était tombé à 3 et 4 dollars.

[60] Une des filles délivre des lots de billets. Une autre fille déplie une extrémité de certains paquets, insère un ticket et tamponne une étiquette extérieure, pour correspondre au système de facturation de certains acheteurs. Ces filles recevaient auparavant respectivement 5,40 $ et 4,84 $ par semaine et reçoivent désormais, l'une 5,73 $ et l'autre entre 5 et 6 $.

[61] Toutes les entreprises disposent de salles de repos pour les filles. L'entreprise du Delaware et la filature de coton du New Jersey possèdent d'agréables salles à manger, où un excellent déjeuner est servi à prix coûtant.